集成创新设计论丛

耦合：
汽车造型设计中的认知与计算

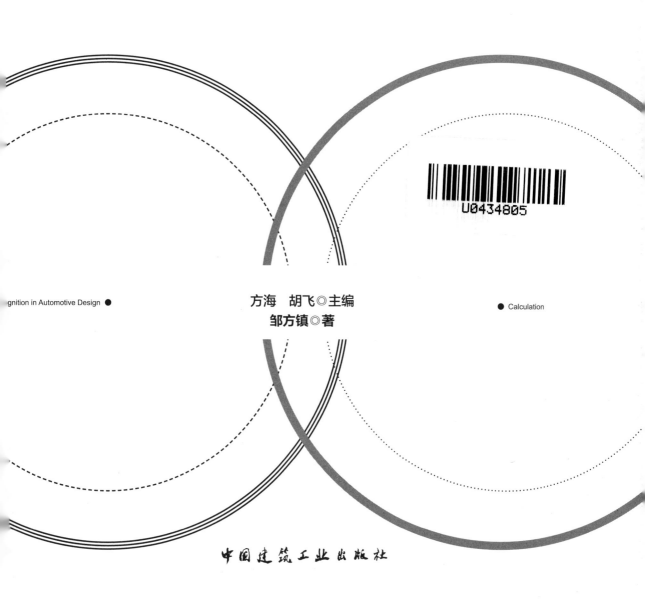

方海　胡飞 ◎ 主编
邹方镇 ◎ 著

● Calculation

中国建筑工业出版社

图书在版编目（CIP）数据

耦合：汽车造型设计中的认知与计算/邹方镇著.
北京：中国建筑工业出版社，2016.12
（集成创新设计论丛/方海，胡飞主编）
ISBN 978-7-112-20190-7

Ⅰ.①耦… Ⅱ.①邹… Ⅲ.①汽车－造型设计－研究
Ⅳ.① U462.2

中国版本图书馆CIP数据核字（2016）第308310号

责任编辑：吴　绫　唐　旭　李东禧
责任校对：焦　乐　李美娜

集成创新设计论丛
耦合：汽车造型设计中的认知与计算
方海　胡飞　主编
邹方镇　著

*

中国建筑工业出版社出版、发行（北京海淀三里河路9号）
各地新华书店、建筑书店经销
北京锋尚制版有限公司制版
北京云浩印刷有限责任公司印刷

*

开本：787×1092毫米　1/16　印张：9¼　字数：192千字
2016年12月第一版　2016年12月第一次印刷
定价：30.00元
ISBN 978-7-112-20190-7
（29688）

版权所有　翻印必究
如有印装质量问题，可寄本社退换
（邮政编码100037）

序　言

这是一个设计正在巨变的时代。工业设计正转向体验与服务设计，传达设计正转向信息与交互设计，文化创意驱动的艺术设计正转向大数据驱动的智能设计……与此同时，工匠精神、优秀传统文化正从被遗忘、被抢救转向前所未有的被追逐、被弘扬。

作为横贯学科的设计学，正兼收并蓄自然科学、社会科学和人文学科的良性基因，以领域独立性（Domain independent）和情境依赖性（Context dependent）为特有的思维方式，积极探讨设计对象、设计过程、设计结果中可靠、可信、可感、可用、可人、可意的可能性和可行性，形成有效、有益、有为的设计决策和原创成果，从而映射出从本体论、认识论到方法论、实践论的完整的设计学科形态。

广东工业大学是广东省七所高水平重点建设高校之一、首批入选教育部"全国创新创业典型经验高校"。作为全球设计、艺术与媒体院校联盟（CUMULUS）成员，广东工业大学艺术与设计学院秉承"艺术与设计融合科技与产业"的办学理念，重点面向国家战略性新兴产业和广东省传统优势产业，以集成创新为主线，经过20余年的发展与积累，逐渐形成"深度国际化、广泛跨学科、产学研协同"的教学体系和科研特色；同时，芬兰"文化成就奖"和"狮子团骑士勋章"获得者、芬兰"艺术家教授"领衔的广东省引进"工业设计集成创新科研团队"早已聚集，国家"千人计划"专家、教育部"长江学者"等正在引育，中国工业设计十佳教育工作者、中国设计业十大杰出青年也不断涌现，岭南设计人才高地正应变而生、隐约可见。

广东工业大学"集成创新设计论丛"第一辑收录了四本学术专著，即，钟周博士的《精准：感性工学下的包装设计》、甘为博士的《共振：社交网络与社交设计》、邹方镇博士的《耦合：汽车造型设计中的认知与计算》、朱毅博士的《复杂：设计的计算与计算的设计》。这批学术专著都是在作者博士论文的基础上经历了较长时间的修补、打磨、反思、沉淀，研究视角新颖，学科知识交叉，既有对设计实践活动的切身考察与理论透视，也有对设计学科新鲜话题的深入解析与积极回应。

"集成创新设计论丛"是广东省高水平大学重点建设高校的阶段性成果，展现出我院青年学人面向设计学科前沿问题的思考与探索。期待这套丛书的问世能衍生出更多对于设计研究的有益反思，以绵薄之力建设中国设计研究的学术阵地；希冀更多的设计院校师生从商业设计的热浪中抽身，转向并坚持设计学的理论研究；憧憬我国设计学界以激情与果敢，拥抱这个设计巨变的时代。

胡　飞

2016年12月

于东风东路729号

前 言

设计研究是一个极具挑战的研究领域，而"设计艺术"（Design art）和"设计计算"（Design computing）是设计研究的两大领域。本书是一种跨设计艺术和设计计算的交叉领域研究，虽然大量的计算和算法并没有在本文中详细展开，且采用了部分文科范式的讨论方法，基本研究属性为设计艺术与设计计算的耦合。

汽车造型设计本质上是汽车造型（Car styling）和汽车技术高度联系的设计活动。汽车造型过程包含人的感性、灵感、联想等艺术思维，是一种"艺术"主导的设计活动，在设计研究领域属于"病态结构"的问题；同时又是制造的科学领域，艺术的感受性最终需要通过量化、精准的工程来实现。而认知与计算的耦合代表一种全新的计算模式，它包含认知信息分析，自然语言处理和机器学习领域的大量技术创新。理想状态下，成熟的认知计算系统将具备以下四个特性：①辅助（Assistance）功能，认知计算系统可以提供百科全书式的信息辅助和支撑能力，让人类利用广泛而深入的信息，成为各个领域的"资深专家"；②理解（Understanding）能力，认知计算系统应该具有卓越的观察力和理解能力，能够帮助人类在纷繁的数据中发现不同信息之间的内在联系；③决策（Decision）能力，能够帮助人类定量地分析影响决策的方方面面的因素，从而保障决策的精准性；④洞察与发现（Discovery）能力，可以从大量数据和信息中归纳出人们所需要的内容和知识，从而帮助发现新问题、新机遇以及新价值。一个比较理想的汽车造型设计系统中，艺术背景的设计师能以自己专业所熟悉的方式建立、修改造型方案，并在系统辅助下预见造型修改所带来的工程意义；工程师也能认知与解释造型的艺术意味，并能根据形态参数的限制优化造型；管理者则能够依托软件平台，整合各类设计知识与设计意图来形成最终的汽车造型设计决策。

本书基于作者在汽车造型设计领域所积累的实践案例，展开认知研究与计算实践；试图通过认知计算这一前沿方法来辅助汽车造型设计过程，同时为认知计算的研究提供实证性的参考。值得注意的是，本书撰写以设计学学科知识背景为主，使用的概念和用语主要涉及工业设计和计算机学科，但由于设计研究领域的广阔性和设计现象的跨学科性，部分术语的完整意义存在于本书的上下文结构中，这也是本书强调多语境"耦合"的原因。

邹方镇
2016年12月

目 录

序言
前言

第 1 章 绪 论

1.1 研究背景 ……………………………………………… 002

1.2 本文研究范畴、术语与关键问题 ……………… 003

1.3 文献综述 ……………………………………………… 004
   1.3.1 设计过程理论 ………………………………… 004
   1.3.2 性能需求驱动理论 …………………………… 006
   1.3.3 知识流理论 …………………………………… 007
   1.3.4 多角色协调理论 ……………………………… 008

1.4 选题背景 ……………………………………………… 009
   1.4.1 研究的国家科研项目背景 …………………… 009
   1.4.2 研究的设计项目背景 ………………………… 010

1.5 研究方法和组织思路 ………………………………… 010
   1.5.1 研究方法 ……………………………………… 010
   1.5.2 研究组织思路 ………………………………… 011

第 2 章 汽车造型设计的语义与形象

2.1 造型设计过程——行政轿车设计案例研究 …… 019
   2.1.1 形象化的设计语义——立象 ………………… 019
   2.1.2 设计语义的物理附着——尽意 ……………… 021
   2.1.3 结构化的意象看板 …………………………… 024
   2.1.4 案例分析小结 ………………………………… 025

2.2 造型与评审流程——长安A级车设计案例研究 026
   2.2.1 语义对象的筛选与归纳——核心形容词 ………… 026
   2.2.2 造型特征的获取与表征——特征线 ……………… 031
   2.2.3 分析小结 ……………………………………………… 035

2.3 基于形象思维的语义联想模块构建
   ——辅助系统 ……………………………………………… 035

2.4 本章小结 …………………………………………………… 039

第3章 基于进化的汽车造型设计计算

3.1 设计迭代与进化设计 ………………………………………… 043

3.2 面向设计问题求解的遗传算法 ……………………………… 044

3.3 汽车造型进化设计的初始条件 ……………………………… 045
   3.3.1 汽车造型的特征线属性 ……………………………… 045
   3.3.2 汽车造型的车型线属性 ……………………………… 046
   3.3.3 汽车造型的造型语义 ………………………………… 048
   3.3.4 初始种群的设定 ……………………………………… 048

3.4 汽车造型设计的进化实验与收敛控制 ……………………… 050
   3.4.1 视觉效能与迭代效应 ………………………………… 051
   3.4.2 基于造型语义的适应度 ……………………………… 051
   3.4.3 设计优化与再设计 …………………………………… 053
   3.4.4 进化设计的多角色协调问题 ………………………… 054
   3.4.5 进化设计计算的品牌意义 …………………………… 054

3.5 小结 …………………………………………………………… 055

第4章 汽车造型设计流程的抽象与重构

4.1 设计过程抽象的目的与方法 ………………………………… 058
   4.1.1 对象分解的动素分析法 ……………………………… 059
   4.1.2 基于usecase的过程抽象方法 ……………………… 061

4.2	汽车造型设计过程的系统结构分析 ……………	062
4.3	汽车造型设计过程抽象与辅助流程 ……………	063
4.3.1	汽车造型设计过程与辅助的初始阶段 …………	063
4.3.2	汽车造型设计过程与辅助的细化阶段 …………	064
4.3.3	汽车造型设计过程与辅助的构建阶段 …………	064
4.3.4	汽车造型设计过程与辅助的交付阶段 …………	065
4.4	汽车造型设计流程的操作对象与工件 …………	066
4.4.1	语义对象及其工件组成要素 ……………………	066
4.4.2	草图及其工件组成要素 …………………………	069
4.4.3	效果图及其工件组成要素 ………………………	070
4.4.4	模型及其工件组成要素 …………………………	072
4.4.5	样机及其工件组成要素 …………………………	073
4.5	汽车造型设计的流程重构 ………………………	074
4.5.1	初始阶段的流程重构 ……………………………	074
4.5.2	细化阶段的流程重构 ……………………………	076
4.5.3	构建阶段的流程重构 ……………………………	078
4.5.4	交付阶段的流程重构 ……………………………	080
4.5.5	基于工件的长安造型设计流程图 ………………	081
4.6	小结 ………………………………………………	082

第 5 章
原型系统的框架构建与相关模块开发

5.1	系统框架构建 ……………………………………	084
5.1.1	造型设计过程管理系统框架 ……………………	084
5.1.2	系统数据结构 ……………………………………	086
5.1.3	项目管理与评审界面形式 ………………………	088
5.2	系统实现框架 ……………………………………	090
5.2.1	迭代模式与设计知识层级 ………………………	090
5.2.2	系统技术框架 ……………………………………	092
5.2.3	系统界面框架 ……………………………………	093
5.2.4	系统数据框架 ……………………………………	094

5.3	基于风格的造型特征线推理模块 …………………	095
5.3.1	特征线的特征操作语义 …………………………	095
5.3.2	特征线推理模块的语义化操作 …………………	096
5.3.3	特征与操作语义的映射关系获取实验 …………	097
5.3.4	特征线推理模块的界面细化与功能扩充 ………	098
5.4	品牌导向的造型特征推理模块 ……………………	100
5.5	车型导向的造型特征跨界推理模块 ………………	103
5.6	小结 ………………………………………………	105

参考文献 …………………………………………………… 107

附录 1　攻读学位期间所发表的学术论文目录 ……………… 112
附录 2　攻读学位期间所完成的主要科研项目 ……………… 113
附录 3　部分结构化意象看板 ………………………………… 114
附录 4　形容词判定方法 ……………………………………… 116
附录 5　形容词调研问卷 ……………………………………… 118
附录 6　汽车造型设计评审表 ………………………………… 120
附录 7　初始种群的造型基因（数组） ……………………… 123
附录 8　特征线编辑区域源代码片段 ………………………… 124
附录 9　特征线变化集区域源代码片段 ……………………… 128
附录 10　选择器滑块源代码片段 …………………………… 134

插图索引 …………………………………………………… 136

附表索引 …………………………………………………… 140

第 1 章

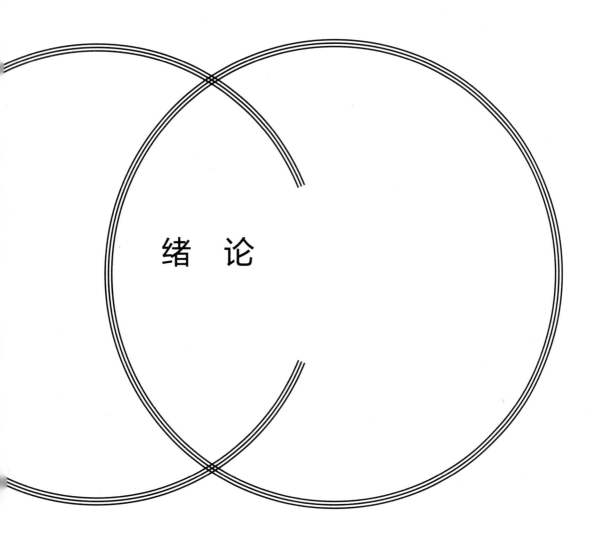

绪 论

1.1 研究背景

自古以来，设计便是伴随人类活动的一项普遍行为。人类的设计活动和设计意识与人类的生存和发展一样历史久远[1]。然而，人类对设计的科学研究和理论认识却经历了漫长的探索，从最早的"自发性"设计实践到西方公认的第一部设计理论专著《The Analysis of Beauty》[2]，设计活动经历了由感性经验到理性分析的认知飞跃，设计研究开始成为一种系统的知识和理论体系，而且，设计的确存在着相对于其他学科的独特思维和交流方式[3]。

一般认为设计作为人类一种有意识的创造活动，是针对一定目标所采取的一切方法、过程和达到目标所产生的结果的总和[4]。设计先天具有交叉学科或者跨学科的性质，现代设计理论认为，获取和整合设计过程涉及的不同领域知识是现代设计的核心特征[5]。一方面，《设计研究》（Design Studies）主编奈杰尔·柯奥斯（Nigel Cross）认为，设计研究的目的是"发现、明晰和交流设计的知识"[6]。奥克斯曼（Rivka Oxman）提出，设计方法论和设计思维研究一直关注的是设计行为、设计过程和设计认知活动的分析和形式化建模[7]。另一方面，西蒙的"有限理性说"认为，人类的思考、推理、计算等能力受环境复杂性和自身认知水平限制，本质上就具有感性或非理性的特点，不可能获得完全意义上的科学设计研究。这表明设计研究不仅存在对象知识的问题，也存在过程知识的问题；不仅存在理性的问题，也存在感性的问题。

值得注意的是，大卫·H·詹纳森（David H. Jonassen）在《Toward a Design Theory of Problem Solving》中，根据问题结构、领域特征（抽象）、复杂性三个维度将科学问题类别描述为11种类型，并认为设计问题是其中最复杂、劣构（ill-structured）程度最严重的问题类型[8]。在产品设计领域，设计行为一直被认为是属于"弱理论，强经验"的技术活动[9]，设计知识和经验很难被"规则"表达，即使是经验丰富的设计师也很难描述清楚其设计过程[10]。作为设计研究的最早倡导者之一，阿里克森德尔（Christopher Alexander）也提出"设计方法研究无用论"，认为科学的逻辑框架与设计的过程是存在差异的[11]。对此，诺曼（Donald Arthur Norman）提出内部知识与外界知识的观点[12]，认为设计过程展开时，设计师除了调用大脑内部的知识，同时也会操作储存于外界的知识，即存在特定的情景中的"外在知识"，是存在于特定的设计情景和认知情景中的知识。从这个意义上，对于外部知识的研究，有望绕过西蒙"有限理性说"所质疑的非科学因素，这样的研究策略也算是对"设计方法研究无用论"的一个积极回应。

总之，设计研究是一个十分复杂和诸多质疑的研究领域，作为本文的研究背景，必须强调的是"汽车造型设计过程研究与计算机辅助系统构建"研究是一个关于设计过程、设计流程和设计辅助系统的研究，是"求真"和"求用"相结合的研究范式。

1.2 本文研究范畴、术语与关键问题

本书标题为《耦合：汽车造型设计中的认知与计算》。"汽车造型"（Car Styling）是汽车设计的专门领域，既是艺术的人文领域，又是制造的科学领域，艺术性最终需要工程来实现。"汽车造型"指向研究领域的核心定位，即主要的研究概念、术语和理论都是为汽车造型领域服务的；"认知与计算"是本文的具体研究对象，即试图通过对"认知"的研究，探讨设计的艺术性，构建"语义提取"与"形象附着"的艺术创作双阶段模式，然后在计算机算法的语境中探讨其科学性或理性，在工程应用的情境中赋予其实用性，通过实践案例分析研究"设计迭代"来扩充、优化过程模型；"计算机辅助系统构建"是对本文研究的集中应用，既是"设计过程"研究的出发点，也是对汽车造型领域做出理论贡献的落实点。

本文涉及的术语和关键问题源于两个领域：设计学和计算机科学。"语义"与"形象"两个核心概念，以及其相互表征的混合形式，语义承载艺术作品的情绪感染力与价值观诉求，而形象是感知与解读这些语义的通道；在设计问题计算求解的语境中，研究采用了"特征线"的核心概念，作为形象表征与操作的基本单位；"视觉效能"是本文的另一个核心概念，是指通过较小的物理改动来获得较为明显的视觉表达效果，作为汽车造型优化的一种客观指标，并通过遗传算法的迭代来实现了视觉效能"驱动"下的特征线"优化"实验，验证计算机算法解决造型问题的可行性；在工程应用的情境下，本文采用软件工程RUP方法中的"时序"与"逻辑"两个核心概念，通过双轴分析法来"抽象"设计流程的阶段节点与操作对象；同时，结合传统设计过程与现代涉及计算的特点，"重构"出平行于现实设计过程的"数字化流程"；最后以"数据结

构"为基础，通过"界面"交互形式，实现计算机辅助系统"框架"与"功能模块"，并以跨领域知识的"封装"，实现同平台下多学科、多目标的汽车造型设计要求，以隐性知识的嵌入，来实现造型设计功能模块的人性化辅助。

"汽车造型设计过程"概念中的"过程"其基本内涵是指基于对草图、实体模型（如油泥模型）、样机、软件界面等媒介的操作，逐步实现从设计概念（语义）到所谓最终物理附着的过程，即过程是通过各种操作媒介反映的，而过程的内涵或者目标是将设计概念（语义）最终附着在实体上。

计算机辅助设计系统是本文研究的重点之一，其基本含义特指利用计算机及其图形设备辅助汽车设计师（造型设计师）设计的软件系统。应该说，传统CAD软件的概念是通过计算机辅助来分担专业人员的计算、信息存储和制图等专业或专门设计工作，而本文试图在知识组织与管理层面、软件流程与界面操作方面来辅助跨专业（汽车造型）的设计，辅助不同知识背景的设计人员能够打破领域知识结构的壁垒。一个比较理想的汽车造型设计系统中，艺术背景的用户（设计师）能够以自己专业所熟悉的方式建立、修改造型方案，并在系统辅助下预见造型修改所带来的工程意义；工程背景的用户（工程师）也能认知解释造型的艺术意味，并能根据形态参数的限制优化造型；管理背景的用户（管理者）能够依托软件平台，整合各类设计知识与设计意图来形成最终的汽车造型设计决策。

1.3 文献综述

1.3.1 设计过程理论

"过程是事物发展变化的连续性在时间上和空间上的表现"[13]。在现代产品设计过程理论中，设计过程一般被分为三个阶段：第一阶段是任务的提出，确定需求和潜在的需求；第二阶段是概念设计，包括技术可行性和矛盾冲突权衡，造型设计属于典型的概念设计；第三阶段是对"可能解"（设计方案）的评估、优选和确认，并产生最终解，称为结构设计和详细设计等，包括经济和技术分析、设想的优选和确认、结构的优选和确认、材料的优选和确认、加工过程的优选和确认、综合评价和产生及表达最终解，可以用图1-1表示。

从系统论的观点来看，如图1-1所示，三个设计阶段构成了一个完整的设计过程，中间包含多个设计节点，可以看作是从任务空间到最终设计（冻结）的反复迭代过程。这里"过程"有两层含义：第一，是设计的完整过程；第二，是完整过程中的一个子

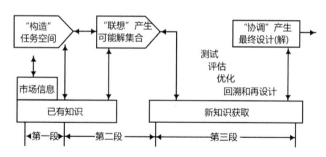

图1-1 设计过程的阶段[14]

过程,即设计节点。值得注意的是,过程在一般情况下更多地是指一个连续的时空概念;而从设计节点和迭代关系的概念出发,过程更多地是指"流程",具有更加刚性的时间概念。在现代设计过程理论中,子过程和设计节点同样是本研究的重点。

具体设计过程的复杂程度与所设计的对象复杂程度,又与智力资源配置等问题的复杂程度相关。一般而言,第二阶段的概念设计存在多次回溯与再设计,是汽车造型设计方案生成和评审的关键节点,这一阶段设计虽然复杂,但是业已形成了路线清晰的流程,比较适合计算机辅助完成[14]。作为本文计算机辅助设计研究的一个突破口,在产品造型设计过程中,存在回溯与再设计的环节,同样还有大量的理论和方法问题需要研究,大量的工具需要开发。

具体到典型的汽车造型设计流程(图1-2),所谓"9-3-1模式"就是一个目前汽车造型设计比较成熟的设计流程,也可以认为是一个完整的设计过程,其核心思想是,按照汽车造型"设计主题"(theme),将汽车造型设计过程分为若干个"有意义"的

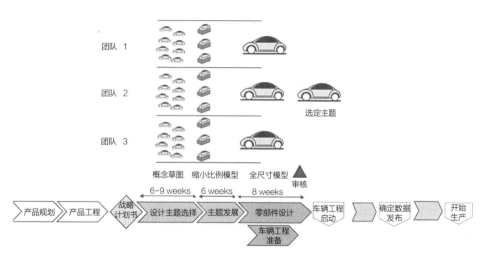

图1-2 "9-3-1模式"设计流程

阶段：包括产品规划、产品战略计划书、设计主题确定、主题发展以及工程设计。这里所谓"有意义"是指，整个设计过程是从获取设计主题、发展设计主题到设计主题的物化（工程设计）。而通常设计主题是从"语义"——"形象"——"实体"的连续过程。因此，本文的设计过程研究可以看作是一个流程的获取、重构和计算机辅助的过程，其中涉及了包括语义、形象、数字化流程等要素的具体研究。

在计算机领域，针对计算机软件这一对象则存在一些成熟的设计模式（Design Pattern）；应用程序工具箱（Tool Kit）和框架（Framework）这两类实用的软件设计辅助方法。在过程框架（Framework）中，存在瀑布开发模型[15]与螺旋迭代开发模型这两大类基本思路。针对不同设计对象，GOF等人早在1995年前后就整理出了23种设计模式[16]。可以认为，计算机领域的设计模式研究主要是为了子过程复用，以增加复杂设计过程的鲁棒性。这种开发思路也适用于产品（造型）设计领域，本文后续研究部分也将借鉴软件开发领域的理论和方法成果，探讨工业设计领域的计算机辅助设计问题。

1.3.2 性能需求驱动理论

"性能"和"需求"驱动既是一个设计概念，又是一个价值链概念。在产品全生命周期的理念上，设计对象是一个时变系统，如图1-3所示，一个汽车产品性能时变图。可以说产品是有生命的，存在不同的价值取向。这意味着设计的过程就是预测与控制设计对象的功能与质量，两者都是时间的函数，同时还需要考虑与约束条件相关的变量，如人、机、环境以及实现成本等。现代设计理论不仅关注产品性能，更加关注用户需求。这是现代设计与传统设计的分水岭，前者面向用户；后者面向制造。因此，需要研究更加适合现代设计理念的CAD系统。

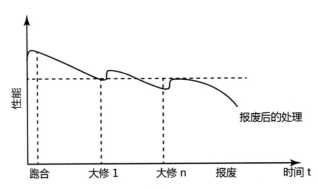

图1-3　汽车产品性能时变图[14]

首先，用户对产品的需求是指向性能的，是设计的起点和完成的标志，性能参数也就成为控制整个设计过程的基本参数。设计过程就是在"要达到什么（性能）"和"如何达到（解决方案）"之间反复迭代的过程[17]。从这个角度讲，性能是基础，是关键。然而，人的需求的概念比之传统的性能概念具有更加宽泛的意义，汽车的概念远远大于交通工具的概念，其人文信息更加是设计的重点。因此，本文所指的性能概念是一个广义的概念。

从造型（styling）的角度看，如何实现性能需求驱动的问题相对工程性能更为复杂，目前还十分依赖个人经验和创意的所谓专门知识和专门技能，可以称为非规范性方法。如何用特征与特征参数来描述用户需求，如何定义产品造型的性能特征，如何定量描述产品造型的性能等问题，都比几何特征的表征要复杂得多。目前的研究仍处于表达与描述方法的探索阶段。

王巍[18]等人也曾用"产品造型设计价值"这一体系来描述产品造型的"性能"，以价值实现的概念来衡量产品造型设计的成功与否（表1-1）。

产品造型设计价值[18]　　　　　　　　　　表1-1

价值	内容	目标
美学	产品造型、形态、风格和色彩	美观、独特且具有企业品牌特征的形态
用户	交互方式、动机、价值、行为、使用环境	给用户以满足、愉悦和体验等
创新	概念和造型的独特性、差异性和原创性	产生新的概念和新产品
功能	产品材料、结构、组成、机构、生产、工艺等	用户和使用的关系、高可行性和实现性
委托方（企业）	产品销售、利润	商业目标

在软件开发领域，则更多的是在设计过程插入测试（Test）环节，来验证设计对象间的交互性能，检验所有的需求是否被正确的实现，在最终结果产生之前识别并确认缺陷，从而降低了修改升级对象的风险成本。基于软件开发的理论，本文采用面向对象思想，试图对产品设计对象的基本属性、性能特征等要素进行规范化和结构化描述，从而整理出符合逻辑和清晰具体的设计过程模型，为汽车造型设计提供理论和实践基础。

1.3.3　知识流理论

知识流理论与本文研究的重要关系在于，知识流理论将设计的过程看作是知识在

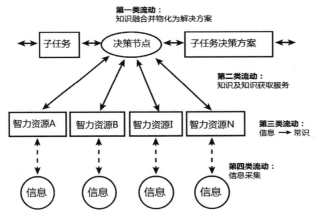

图1-4 知识流类型[19]

设计的各个节点和各个有关方面之间的流动过程。谢友柏等人[19]将设计过程中的知识流分为四类（图1-4），并认为在可以获取形式化的规则以外，还存在一类不可替代的被称之为"共构（Co-construction）知识"[20]的知识形式，而共构知识需要通过多方多步骤的交互才能动态获得；同时认为，设计本身实质上就存在不清晰性、不确定性与复杂性，设计过程中知识流的表达形式，以及各平台间无障碍互动是实现知识流理论的基础。就是说，既要研究知识，又要研究知识的流动。

1.3.4 多角色协调理论

设计过程也是多角色、多需求和多利益的协调过程。设计过程不可避免地牵涉多领域、多部门的矛盾与协调，即使在特定的领域或者部门内部，也存在着角色分工的不同所带来的对设计目标理解上的差异，与对设计成本接受能力的差异，这类差异带来了一系列的设计策略和设计决策等方面的冲突。国际设计论坛（CIRP）专门组织过"合作谈判的工程方法"（ECN，Engineering as collaborative Negotiation）[21]的讨论。同样，在工业设计领域，笔者也发现汽车企业中，设计师—项目管理人员—用户对于汽车造型的评价的视点，存在着结构化的差异。设计师本身也承当了沟通协调多角色差异的任务，协调是设计的一部分。

软件开发中，开发项目管理（Project Management）是一种协调各种冲突、管理风险、平衡各种约束，以使用户满意的产品开发理论[22]。但是，该框架将多角色协调问题简化成了对设计资源（开发周期、开发人员）需求的冲突，从而通过资源分配的优化来实现冲突管理[23]。而汽车造型设计实践中，大量存在的冲突在于多学科、多领域和多角色之间的认知解释不同，对同一设计对象的属性理解不同，表达方式（建模方法）的差异，导致工作方式的差异。从这个层面的研究来看，构建一个统一的、能被多学科认知框架所同时接受的设计对象模型，才是工业产品设计领域中多角色协调的关键。建立一个多学科背景通用的产品性能模型也许能够在项目末端消除冲突实现设计目标，而构建产品属性的通用模型则有望从项目前端就统一理解、保障多学科多平台之间合作畅通无阻。

产品设计过程的多角色协调问题其实更像是一个知识管理的问题。1995年汤姆·格鲁伯（Gruber）提出，采用本体（ontology）[24]这条术语来指一种对于某一概念体系（概念表达或概念化过程，conceptualization）的详细说明（specification）。在他的理论体系中，本体是对那些可能相对于某一智能体（agent）或智能体群而存在的概念和关系的一种描述，这种描述可以将特定领域的业务操作所包含的知识变得明确清晰。在具体操作上，目前往往反映为一个规范的词汇表[25]，其核心作用在于定义某一领域或领域内的专业词汇以及他们之间的关系。本文研究，试图通过建立造型设计知识的本体词汇表，提升设计专门知识的搜索、积累和共享的效率，从而实现真正意义上的多角色协调。

1.4 选题背景

1.4.1 研究的国家科研项目背景

本文研究的国家科研项目来源为，湖南大学参与的两期"国家重点基础研究发展计划"（973计划）项目。

第一，《现代设计大型应用软件的共性基础（项目编号：2004CB719400）》的子课题《工业（造型）设计专门知识辅助设计系统》（课题编号：2004CB719401），时间是2005年至2009年；第二，《现代设计大型应用软件的可信性研究》（项目编号：2010CB32800）的子课题《复杂产品数据模型结构精度可控性理论和方法研究》（课题编号：2010CB328001），时间是2010年至2015年。本人为子课题主研人员，研究内容包括：①汽车造型专门知识获取、表达；②设计情境知识框架模型及案例情境模块；③复合情境驱动的汽车工业设计系统研究；④基于设计时序关系和逻辑关系的设计迭代求精；⑤领域任务模型和设计数据流的一致性等。973研究中，提出了复合情境驱动是保留设计目标中艺术特征与保障设计参数推理过程科学性的前提，产生跨领域多目标优化的设计结果是汽车制造商的战略性需求。如何在计算机平台上重构造型设计流程是973项目研究的重要内容和科学问题之一。在项目的支持下，团队完成了造型设计专门知识的表征与操作、设计对象研究和设计过程研究等基础性研究工作[26]，也为本文研究提供了重要的研究基础。

1.4.2 研究的设计项目背景

与本文研究相关联的设计项目主要有三项：第一，湖南大学教授钟志华院士主持的"中气专项"《中国高水平汽车自主创新能力建设》，包括"中气"C级行政车与A级乘用车造型设计项目，项目完成调研、设计概念、草图、效果图、CAS面、模型和样车，历时4年；第二，长安A级车设计项目，该项目由湖南大学与重庆长安公司的合作执行，调研并且整理优化了重庆长安公司的国内部门汽车造型与评审流程，并将项目成果"基于评价节点的汽车造型过程规范"及其载体规范白皮书以及管理系统广泛应用于公司与都灵、横滨等海外设计中心合作的设计流程管理中；第三，中国重汽HOWO轻卡研发设计项目，项目完成调研、设计概念、草图、效果图、CAS面、油泥模型、A面、样车和试产，历时1年。本人作为课题研究人员多次出差，参与了全设计流程。"中气"与长安项目属所谓"纵向研究课题"，偏重于设计和设计能力建设，属概念设计范畴；"中国重汽"项目属所谓"横向设计课题"，以批量生产为目标，属量产车设计项目。三个设计项目为本文研究提供了直接的研究素材，尤其是不同规模下的设计过程实施的现状。作为设计案例，为本文的理论研究奠定了重要的工作基础。

1.5 研究方法和组织思路

1.5.1 研究方法

设计辅助研究本质上是"求用"（use）的工具论[27]问题。工具者，器也，它是可以使用的器物、技术、方法的合集，是达到目的所采用的手段，其本身并不是最终目的。对于产品造型这一设计目的而言，要实现对其辅助工具的构建，前提是对产品造型设计过程进行"求真"（truth）的本体论研究。一般认为产品造型设计是高度综合性的交叉领域[28]，它融合了科学的理性分析与艺术的情感传达，同时受生产条件、社会形态、价值观念以及经济等多方面的制约和影响，它是集功能与形式、技术与艺术为一体的创造性设计活动。而对于设计本质的多重理解，经常导致研究过程中的语境跳变，造成设计越谈越玄，越研究越模糊的后果，也就少了对设计实践的指导，这种情况下的设计研究对于设计辅助的意义更是无从谈起。本文尝试实现对设计问题研究"求真"展开时的去空谈化,即分别在人文科学与自然科学语境下,展开对设计本体性的研究,避免语境的跳变而是尽量使用该领域下的现有概念与方法来还原与模拟造型设计过程,最终将前两种语境下所构建的求真模型放置到软件工程的语境下,考虑模型的优化与重构,从而实现"认知"研究下的"计算"实现。这种研究思路的缺点在于,特定语境下的研究展开时,初次将其他领域中的概念词汇生硬地归化到当前领域中,以文科说理、理科谈文,难免会有造作之嫌,但在不同语境下,分别对造型设计这一交叉学科的研究对象进行多次梳理,也不失为对科学与艺术相互耦合的一次有益尝试。而这种归化(domestication)的表述方式,原本是指语言学中,遵守目标语言文化当前的主流价值观,使其迎合本土的典律,最大限度地淡化原文的陌生感(strangeness)的翻译策略[29]。语言翻译中的"归化派"提出,译文不仅要克服语言的障碍,还要克服语境的障碍,从而实现不同文化的相互理解来避免冲突[30]。本文借鉴文化人类学(cultural anthropology)[31]中文化群种(cultural group)[32]的概念,对同一对象轮番进行多学科语境下的"归化"表述,来分析比较不同专业背景的设计参与人员之间的"文化差异",可以看作是在求真研究的层面对"比较研究法"的一种语言学扩展。而在设计辅助系统中,通过"耦合"的界面与数据组织方式,来克服不同专业背景的设计参与人员之间的"文化障碍",则是在求用研究的层面展开创新性的实践。

  本文在人文学科的语境下,将设计过程分解为设计概念的语意提炼,以及设计的实体化两个阶段。针对语意提炼阶段的研究,构建了设计师常用于表述设计概念的设计语料库,并通过在企业与高校进行问卷调研的方式,来收集高频词汇,以词频统计的研究方法,来分析不同知识背景下,各类设计角色群体的用词倾向。针对设计图形的阶段,则收集了各类具有代表性的图片,来构建与设计高频语汇相对应的结构化图库,以卡片分类的研究方法,展开了图形与语意相互表征的方式与规律的相关研究。在科学计算的语境下,将造型设计过程转化为造型问题的迭代求解过程,通过特征线的概念,将设计的问题域与解域的参数进行定性定量研究,从而实现算法求解。采用基于意向尺度打分的方法,来实现算法求解的收敛。

  本文还将人文科学语境与自然科学语境下的设计过程描述归化、耦合后,抽象为工程管理语境中的过程模型,将软件工程RUP、UML等体系中的工件、里程碑、用例等流程开发技术,应用到造型设计流程重构中,并依据实地调研、问卷调查等手段获取的信息,来重构数字化设计流程。并参照软件工程的方法,将流程转化为设计辅助软件的系统架构(Framework)与模块界面。

1.5.2 研究组织思路

  本文的总体框架如图1-5所示。主要分为四个阶段:①理论研究基础,主要通过

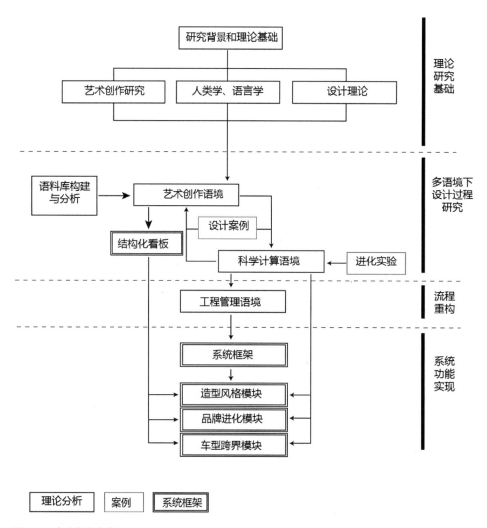

图1-5 本文组织框架

本文综述与理论分析获得本文研究的理论框架和后续的研究思路。②艺术与科学语境下设计过程的模拟与验证、优化。③设计过程的抽象与重构，主要通过设计参与、案例分析和试验构建，提出基于时间序列与对象逻辑的设计过程分析方法，并在此方法的基础上实现设计过程的数字化重构。④设计过程辅助软件原型的工作框架与功能模块设计，针对数字化重构的设计过程来构建设计辅助系统，并针对不同的典型设计任务来设计功能模块。

按照本文的总体的框架，本文分为五个章节。第一章为综述，讨论本文研究的理论基础和研究思路；第二章从艺术创作的角度对汽车造型设计的案例进行过程研究，分析造型设计艺术在初始、展开与完成阶段所需面对的不同要素，各要素的表征形式与相应的操作方法，总结如何在现在工业化生产的环境下保留造型设计的艺术特质；

第三章从理性问题求解的角度，在计算机算法中模拟汽车造型设计任务的完成方式，主要尝试与验证通过计算机算法来展开汽车造型设计这一艺术创作活动的可行性；第四章从软件工程的角度来抽象汽车造型设计的业务过程，将实际案例中的汽车造型设计工作流程重构到数字化平台上；第五章基于重构后的造型设计流程来构建设计辅助系统的原型框架与功能模块。

各章节的具体研究内容如下：

第一章，绪论。设计研究问题提出，文献综述和选题背景，其中，在设计研究问题提出中讨论了"艺术设计"——如何在现代设计过程中保留造型设计产物的艺术化审美，"科学设计"——如何在计算机算法的基础上对造型设计问题进行展开与收敛，和"工程设计"——如何在多学科多角色的合作场景下运用科技知识和方法，多目标地创造工程产品的研究视角以及通过"设计过程抽象与重构"来实现造型设计辅助系统构建的方法，说明本文研究的范畴、术语和关键研究问题。文献综述中讨论设计目标的艺术性与科学性，提出设计工程以科学的方法实现艺术化的目标，尝试以造型设计过程模型的构建与演化的研究方法来展开案例研究与实验验证，探讨通过过程抽象与重构的方式来编写造型设计辅助软件。最后说明本研究的科研和设计项目背景以及研究框架。

第二章，汽车造型设计中的语义与形象。试图通过尊重事实的案例调研方法与模型构建的方法来还原设计过程中的基本元素与操作方式，承认汽车造型设计中包含人的感性因素与灵感、联想等艺术思维；将艺术思维中的对象与演绎过程尽量提炼成推动设计进程的可控因素，而不是简单地当作不确定因素封装于病态结构的"黑箱"内。本章通过实地调研，整理较为完整、规范的汽车造型设计过程来研究设计师展开与完成造型设计过程的本质，初步构建了基于"语义获取"与"形象附着"的汽车造型设计阶段模型，并总结了造型设计师在初期对语义进行形象化操作，后期对形象进行逻辑语义操作的行为模式，通过案例分析结构化地梳理设计过程中的基本操作对象，与过程中设计师的操作模式；并根据基本模型提出与之相对应的设计辅助工具。在对第二个设计主体扩展为设计师团队的案例进行研究时，将语义对象具体化到形容词上并展开了翔实的语料整理与分析工作；将形象对象分解成特征线作为最小操作单位的体系结构，并落实到A级车的具体形面上。同时通过评审阶段的语义分析统计出设计师评价汽车造型时，用语义描述造型的所指可以归纳为"风格，功能与类型"这三类目标。通过差异化分析得到了这样的结论：在更加大型、组织化的设计活动中，需要语义对象更加规范，形象对象更加结构化，设计目标被表征得更加清晰明确。

第三章，汽车造型问题的计算求解。造型设计目前还非常依赖设计领域内专家的经验。一方面需要特定的造型设计专门知识，甚至特指经历过同类产品造型设计过程；另一方面又需要调用草图、效果图、油泥模型等专门的操作对象。这些需要调用的专门知识与需要操作的特定对象都对领域外的合作者形成了壁垒。而在现代设计情境中需要个人的意志被消隐，取而代之最终呈现在设计结果上的是集体的决策与规划。设计项目最开始是一个或者多个不确定的原始架构。这些原始构架被以文本，或者草图形式的对象表达出来，在开发团队中形成共同的愿景，然后通过逐步筛选，细化才能得到最后的设计效果。这个逐步求精的过程在数学中可以通过重复地与自身复合的函数——迭代函数来模拟实现。本章节的实验展开中具体采用遗传算法来实现计算的迭代，将汽车造型分解为特征线来作为计算求解的基本操作单位，实现了以视觉效能优化为目标的遗传算法迭代与收敛机制。分析汽车造型的视觉属性和物理属性之间的映射关系作为算法实现的基础，提出物理属性与视觉属性之间映射关系的不确定性正是汽车造型的艺术化特性。通过计算机进化算法生成各代汽车造型的物理属性，渲染成视觉效果的形式显示输出，设计师对视觉效果以语义打分的方式来实现造型进化的闭环反馈，完成了视觉属性与物理属性映射关系的不确定性——艺术特性在科学计算中的实现。本章节通过算法模块的造型进化实验初步验证了用计算机算法来实现造型设计问题的可行性，实现了设计师自然语言与计算机底层数据之间的互动。通过特征线的表征方法实现了计算机数据在汽车造型设计领域的人性化表达，让设计师可以用自己熟悉的方式通过对造型轮廓的观察与评价来实现对计算机进化计算进程的收敛控制。同时通过对特征线以语义打分的方式实现了计算机对设计师反馈意见的理解与采纳。设计师这一传统艺术思维的角色与只会运行科学计算的电脑之间实现了知识与行为上的耦合，打破了设计专门知识的领域壁垒。

　　第四章，汽车造型设计流程的抽象与重构。此章节试图通过对汽车造型设计这一业务流程的抽象来为计算机对设计流程的全过程介入辅助提供基础。首先通过对设计流程中的对象与阶段进行抽象，从计算机数据结构的角度来重新理解汽车造型设计过程；然后通过对流程的重构来规划计算机平台上的，与传统设计流程相对应的新流程体系，将软件工程管理中的RUP核心概念的结构套用到汽车造型设计领域中，借用活动的概念来梳理汽车造型过程的阶段划分，通过工件的概念来分析汽车造型过程中的操作对象。抽象出以特定工件作为里程碑的阶段划分方法；并对汽车造型设计活动中的工件，即设计流程中各阶段的操作对象在传统媒介与计算机平台上分别的表现形式，操作方法进行了分析与比较。作为在设计流程的整个阶段中计算机辅助汽车造型设计可以随时介入的基础。最终构建出基于评审节点的数字化设计流程，实现了传统设计流程在计算机平台上的重构。

　　第五章，原型系统的框架构建与相关模块开发。试图基于前期的研究工作与构想来建立一个完整的设计辅助系统。所谓的完整将体现在两个方面：一是对应设计工作的完整流程，可以控制与回溯每次设计活动的全流程，可以在设计流程的任意阶段介入辅助；其二是对应设计工作的完整目标，可以有效辅助各种不同设计目标下的任务顺利完成。本章节在计算机平台上构建一个完整的设计流程框架来与现实中的设计流程相映射；将现实设计工作中的各种处理对象数字化为软件系统中的"工件"，实现这些工件在数据库中的存储与管理，并能够在软件界面中有序地组织起来，方便设计流程的控制与回溯。这种框架性的构建需要与现实设计流程紧密结合，并能够在计算机视图中以更加结构化的方式来审视设计流程以实现更好的设计决策。并对应设计工作的完整目标来编写工具模块，以有效辅助使用者顺利完成汽车造型设计中的三类典型任务：造型风格的推理；品牌基因的传承与创新；车型类别的沿袭与跨界。追求人与计算机协作时的高度耦合，构建更加贴合设计师思维方式的操作界面与对设计师来说更加平滑自然的工作流程，将更多隐性知识嵌入在这样的界面与流程中来实现对造型设计的辅助。

第 2 章

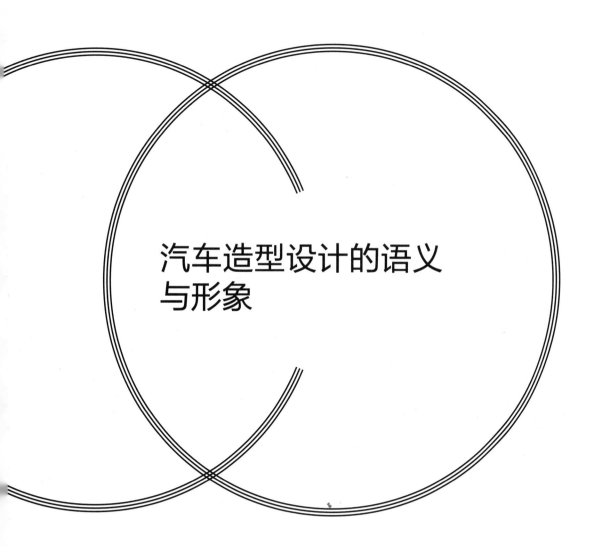

汽车造型设计的语义
与形象

本章主要探讨汽车造型设计过程，这是一种设计艺术语境下的讨论范式，即在人文科学语境下，展开对设计本体性的研究，试图描述、整理造型设计师完成造型设计的过程，为后续章节提供设计艺术的理论基础。主要学术问题包括：第一，设计师如何在特定的设计主题（design theme）下，通过意象、形象、审美来完成汽车造型的设计过程，也可称为"设计方案（design proposal）"过程，包括文化意味、设计概念、设计载体等，基本要素是"语义"与"形象"的关系；第二，设计过程的组织怎样扩展与细分；第三，是否存在符合汽车造型设计活动的计算机辅助方式。简单地说就是，设计师的设计过程、设计活动的组织和可能的计算机辅助形式。

本章研究的理论前提是，可以对汽车造型设计过程进行理性分析。汽车造型过程包含人的感性、灵感、联想等艺术思维，是一种"艺术"主导的设计活动，在设计研究领域属于"病态结构"[33]的问题。而关于病态结构域复杂问题求解的研究实际上已逐步成为设计研究热点。铁雄富山（Tetsuo Tomiyama）、李来春（Lai-Chung Lee）、Whei-Jane等对复杂问题求解条件下的设计机制进行了分析，用系统的观点将整个设计过程看作是一个情境分析与研究的过程[34, 35]。因此，本章采用案例分析方法、现场调研方法与模型构建的方法，试图还原设计过程中的基本元素与基本操作，将艺术思维中的对象与演绎的过程描述，尽量发展为推动设计进程的可控因素，而不是简单地当作不确定因素封装在艺术的"黑箱"里[36]。

增强设计师对设计过程与设计结果的控制力，实现在尊重艺术规律和特性的基础上，消除设计中的不确定因素，对于设计流程和设计风险的研究上具有十分重要的理论意义。本章节将结构化梳理进设计过程中，普遍存在的基本操作对象、各类角色的操作模式，初步构建出设计过程的基本模型，并根据该模型研究与之相对应的设计辅助工具。

本章节的研究基于两个已经完成的汽车造型设计案例展开。其中，第一个案例为"自主品牌行政轿车项目"，强调自主知识产权，要求从具备中国传统文化的原型概念出发，正向设计出原创的汽车造型；第二个案例为"长安A级车项目"，"长安汽车"公司的组织构架本身就具备较大的规模，学校设计团队与其合作，设计的主体就更显其结构的复杂性。作为设计团队的复合型主体，如何高效地展开设计流程，如何保留设计中的艺术创作特性，都将是本案例的重点研究内容。

最后，通过比较研究的方法，根据两个设计案例的共性，研究设计师的实际设计过程与模式；根据两个设计案例在主体规模上的差异性进行比较，总结出在不同设计情境下如何优化设计过程，如何有针对性地提供设计辅助。

2.1　造型设计过程——行政轿车设计案例研究

自主品牌行政轿车设计是由国家财政部、教育部、湖南省政府、长沙市政府联合启动的《中国高水平汽车自主创新能力建设》的设计项目。设计项目的内外造型、底盘和车身都强调知识产权的自主性，因此选择正向开发流程作为汽车造型方案的前提。本章节主要从造型方案选择、确立与深化修改的角度，来整理正向开发流程的实施环节。

2.1.1　形象化的设计语义——立象

"立象"即造型意象的定位与选择，是造型设计过程中的普遍手法。"立象"是以视觉化形式来表现设计概念，包括语义和形象两个层面的意义。汽车造型创意的核心就是立象。一般认为，语言是概念的基本载体，而以语言为基础的逻辑思维是设计概念的基本生成方式。通过"立象"以视觉化的形式来表现设计概念是汽车造型的核心过程。在中国古典美学体系中，审美意象是中心[37]。现代认知心理学也认为，真正生动和充分的表达形式存在于视觉意象的层面中[38]。事实上，无论是艺术家还是科学家，都会通过形象来表达概念和描述概念之间的关系，从而引发伟大的创新。

设计是通过草图、关系图、效果图等表达概念和产生创意的过程。作为审美形象和概念创新的起点，视觉化的"象"本身就是思维的载体和设计的"工具"。意象一词起源于美学和文学领域，其最早文献记载于南朝《文心雕龙·神思》第二十六篇中"独照之象，窥意象而运斤；此盖驭文之首术，谋篇之大端"[39]。"意象"有两种含义：一种指概念层面的意象，如"胸中之竹"；另一种指体现于作品中的意象，即物质化了的"手中之竹"[40]。可以认为设计活动中的意象定位与选择是一个"胸中之竹"和"手中之竹"的互为表征的过程。而心理学家卡尔·荣格则使用原型意象（archetype）一词来指代所谓"胸中之竹"，认为这种意象可以唤起潜意识中的原始经验，使其产生深刻、强烈的情绪反应[41]。心理学家认为，思维的加工方法包括：分析、综合、抽象、概括、比较、分类和想象等心理操作，其中每一种心理操作的对象都是意象[42]。在汽车概念设计阶段，"胸中之竹"的意象形式更加具有抽象概括能力和想象上的延展力，而"手中之竹"的意象形式是设计思维的具体记录和表征。两者相辅相成实现了完整的设计过程。

自主品牌行政轿车设计项目案例中，采用意象尺度图定位方法实现在语义层面上的概念定位与选择（图2-1）。图中彩色的点表示设计方案的意象定位点，其中横轴为：优雅／民俗；纵轴为：厚重／轻灵、张扬／含蓄，三角形划分的区域为一个意象区域。意象尺度上的语义可以触发形象思维，将设计定位视觉化为具体形象，产生设计概念的原型意象，如图2-2所示的意象看板（mood board）[43]，又称情绪看板，其原理是观看者面对不同形象时会产生特定的感受，由"词语标签"和"图形"两部分组成，具有辅助设计师从语义空间向视觉形象进行意象映射的作用。本设计案例中，采用意象看板同时定义语义性和形象性的设计意象，如图2-2所示，"优雅"对应于一系列图形，借此语义信息与视觉形象信息互为表征，通过标定不同视觉形象所对应的

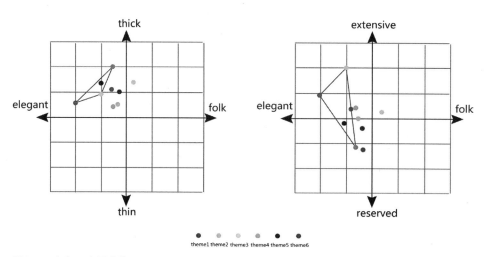

图2-1　意象尺度图定位

图2-2　情绪看板的语义与形象映射

语义描述，实现设计定位从语义表达到形象表达的转化。因此，概念设计过程中，"意象尺度图"和"意象看板"作为重要的设计工具，共同构成了一个完整的"立象"过程，是具有操作性的汽车造型概念设计方法。

本设计案例中，意象尺度图的三个语义维度：优雅—民俗，张扬—含蓄，厚重—轻灵（三对形容词）定义的是设计目标的语义空间。同时，设计通过意象看板进行语义到形象的转换，提炼出"饕餮纹"、"白鹿"和"醒狮"三个设计概念。"饕餮纹"源于商周青铜器，象征权力的图腾；"白鹿"源于古代神话，象征治理有方的图腾；"醒狮"源于民间文化，象征威猛刚劲的正义。

所谓形象化的设计语义，即立象。包含了三层研究意义：第一，立象是以视觉化的形式来表现设计概念，包括语义和形象两个层面；第二，语义层面可以通过意象尺度图的方式完成，形象层面可以通过意象看板的方式完成；第三，设计概念生成是通过意象尺度图和意象看板的关联衍生过程，也是本研究后续计算机辅助设计的基础。可以看出，概念设计活动是一个由基于语义信息处理的逻辑思维，过渡到基于形象生成的形象思维的转换过程。设计行为从本质上说，是一个逻辑思维和形象思维并重的过程。而在造型意象的定位与选择阶段，形象化的设计语义提炼是一种符合艺术创作规律的行之有效的设计方式。

2.1.2 设计语义的物理附着——尽意

"尽意"即在确定了设计概念上，将概念外化到产品物理形态的过程，是造型设计范畴中"造型"的核心。一个设计概念或者设计创意其实体化和具象化是一个一对多的过程，即设计概念存在多种实现形式。在心理学中，形象感受具有统一性[44]，因此，立象过程产生的设计概念，在原理上可以从概念描述转化为具体的产品造型，或者说语义转化为造型，语义保持统一性但转化是多样的。古人所谓"方非一式、圆不一相"指的是对于某一特定设计概念，在造型上实现具体"尽意"的方法与途径是多样化的，没有特定范式的。虽然一个创意起始于概念层面的"立象"，但造型设计最主要的工作是通过对草图、效果图、实体模型等媒介的操作，逐步实现设计概念的表达，设计语义通过造型实现最终的物理附着，进而"以此见象，心中了见"[45]。

因此，"立象"只是在设计概念上选择形象化的审美载体，既是造型目的，又是造型的起点。造型设计所要达到的终极目的仍然是得到一种"有意味"的产品造型来实现"尽意"。设计活动中，"尽意"是一个对意象进行加工与转化的过程，通过视觉概念在产品造型上的物理化来实现设计目的。

"物本无心，何与人事？其所以相感者，必大有妙理"[46]。古人无法解释意象审美与创作的必然规律，而在现代心理学的双重编码理论认为，意象的加工与转化过程是在词语与视觉两个认知子系统下同时展开的，具有三种典型的意象加工类型[47]（图2-3）：第一，表征性的，即直接激活语词或非语词的表征；第二，参照性的，即利用非语词系统激活语词系统；第三，联想性的，即在同一语词或非语词系统的内部激活表征。从造型设计过程看，词语与视觉两个认知子系统的加工是一个复杂的过程，一个设计也许只需要其中一种加工方式，但有时则需要多种加工方式来综合完成。结合本设计案例，下面具体考察设计语义从抽象的设计概念到产品具体形态的转化过程，探讨"尽意"的具体加工方法，为辅助设计提供基础。

本设计案例中，研究采用录音录像等方法，观察分析"饕餮纹"设计概念的设计方案生成过程。在这个过程中，设计师首先搜集历史资料（图片、文本），获得"饕餮纹"的大量视觉形式，提炼"饕餮纹"的形式，并采用中轴对称样式，投射到汽车前脸造型，进行图形加工（图2-4）。这里图形加工是一个典型的意象加工和双重编码的过程，"饕餮纹"的形式本身必然具有某种语义，如威严、权威、庄重等。而根据本设

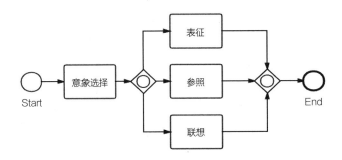

图2-3　三种典型的意象加工类型[47]

图2-4　"饕餮纹"设计概念的意象加工

计案例的意象尺度图定位，设计概念的语义与"饕餮纹"本身的语义和视觉形式具有双重编码的加工过程，以实现设计概念到产品具体形态的转化过程。"饕餮纹"的形式需要参照语义空间定位进行细节加工，例如，将视觉特征修饰得稍微圆润，又保留纤细的尖角，来表达比较"优雅"的造型效果，同时，复杂的饕餮细节纹样被简化，以符合汽车造型的现代感。

"白鹿"设计概念则主要通过参照白鹿的各种照片与图样，来激活相关的描绘性词语。包括从意象看板中的白鹿图片上，提取视觉形式特征做格式塔分析，通过抬高的鼻翼与后收的眼眶所形成的总体关系，产生了智慧、聪颖的视觉意象；白鹿躯干与肢体轮廓上跃动的线形则给人以敏感、灵动的印象。这些视觉原理被利用到汽车的进气格栅、引擎盖、车灯、车顶形线与车身腰线等物理结构上，形成了设计的初步方案（图2-5）。

"醒狮"主题的展开主要应用了联想性的加工方法，从概念定位所选取的"醒狮"原型，联想到石狮、铜狮、舞狮等一系列形象，并提炼出威严而稳重、攻击性与保护性兼备的设计概念；反映到具体的汽车造型上，即狮眼般有神地圆瞪着的车大灯，像狮子嘴角微微上抬的前进气格栅和流畅的具有运动感的车身线条（图2-6）。

通过案例分析可见，所谓设计语义的物理附着，即尽意，是一个典型的双重编码加工过程，包括表征、参照和联想的具体认知加工。意象的加工与转化过程是在词语与视觉两个认知子系统下同时展开的，"尽意"是一个对意象进行加工与转化的过程，通过视觉概念在产品造型上的物理化来实现设计目的。如图2-7所示，设计师在特定的设计主题（design theme）下，通过意象、形象、审美加工来完成汽车造型的设计过程，基本操作要素是"语义"与"形象"的关系。

图2-5 "白鹿"设计概念的意象加工

图2-6 "醒狮"设计概念的意象加工

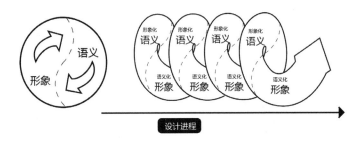

图2-7 造型设计的基本操作要素

2.1.3 结构化的意象看板

基于以上案例分析，无论是形象化设计语义获取（即立象），还是设计语义的物理附着（即尽意），其基本的设计操作都涉及不同层面的意象加工，对象就是视觉：整体形态把握与推敲、局部特征把握与推敲、图形认知与组织、符号的识别与理解等。在设计研究中，也称其为造型语言（form language）[48]，即"造型"的"语言"，或者造型意象的表达方式。因此，设计操作也需要更加多样化的形式，提供一种结构化的设计工具，即构建设计师所需要的视觉化造型语言载体。本文认为，多层次多角度的造型语言之间交叉与组合能够为意象的加工与转化提供组织逻辑的可能性，称为结构化。面向同一视觉概念的多种外化策略，是产品造型设计的专门知识，即所谓"方非一式、圆不一相"[49]的创造性造型手法。为了收集、整理与呈现这种造型专门知识，

图2-8 结构化意象看板

研究在设计实践中,将视觉形象根据特定的结构层次来进行组织,构建出用于辅助汽车造型设计阶段的结构化意象看板(图2-8)。马自达汽车集团前会长山本健一于1986年在美国密歇根大学发表题为"汽车文化论"的演讲中首次提出"感性工学"的概念[YamamotoK.Kanseiengineering-the art of automotive development at Mazda (M). Ann Arbor: The University of Michigan, 1986. 1~24.],构建了一种运用工程技术手段来探讨"人"的感性与"物"的设计特性间关系的理论及方法。感性工学是一种基于人因工程的产品开发支持技术,利用此技术,可将人们模糊不明的感性需求及意象转化为细部设计的形态要素。感性工学的常规工具"情绪看板"(mood board)直观地提供了语义信息到视觉概念的映射关系(C Colonbo, etc. Semantics in visual information retrieval. IEEE Multimedia. 1999年), R. Sgephard, J. Metzler & Lakof的实验也表明,人的大脑存在一个心理空间(mental space),可以进行意象图式的构造、想象和转换[50]。研究提出的结构化意象看板,其功能则侧重于展现尽可能多的、结构化的、以设计概念外化为实际造型的各种方法与途径。该看板作为造型设计知识库的一种表现形式,可以作为造型设计的辅助工具启发设计思维,提高设计效率。

如图2-8所示,结构化意象看板的基本形式,其他具体内容详见附录C。其中所谓的结构化具体指一个形容词和相应的结构化形象群所构成的意象看板,即语义和形象之间的相互解释和相互标注。在视觉材料上,结构化意象看板,包括自然环境、人工景观、人物角色状态、产品造型、参考车型的完整结构,以从抽象到具体、从宏观到微观的方式,来包围对应形容词所营造的感觉。

2.1.4 案例分析小结

采用案例分析法,结合文献资料对造型设计过程和实践进行分析,重点讨论的形象化设计语义获取(即立象)。设计语义的物理附着(即尽意)。概念设计活动是一个由基于语义信息处理的逻辑思维,过渡到基于形象生成的形象思维的转换过程(即立象）。设计行为从本质上说，是一个逻辑思维和形象思维并重的过程。而在造型意象的定位与选择阶段，形象化的设计语义提炼是一种符合艺术创作规律的、行之有效的设计方式。所谓设计语义的物理附着（即尽意），是一个典型的双重编码加工过程，包括表征、参照和联想的具体认知加工。意象的加工与转化过程是在词语与视觉两个认知子系统下同时展开的，"尽意"是一个对意象进行加工与转化的过程，通过视觉概念以产品造型上的物理化来实现设计目的。研究提出，语义与形象作为造型设计中最为重要的两个要素，可以构成实用的轻量化汽车造型设计辅助工具——结构化意象看板。

2.2　造型与评审流程——长安A级车设计案例研究

长安A级车设计项目由湖南大学与重庆长安公司的合作执行，研究目标是调研、整理、优化重庆长安公司的汽车造型与评审流程（国内部），并试图将项目成果《基于评价节点的汽车造型过程规范》和管理系统应用于公司在都灵、横滨的海外设计中心的合作设计流程管理中。长安项目针对企业现有的实际设计评审流程，进行规范地调研，整理出更加结构化与体系化的设计评审流程。研究目标要求新的流程通过设置评价节点，优化设计迭代过程，保障每个阶段的设计始终与初始定位相吻合，从而控制设计风险，避免项目在长时间执行后，发生设计结果不符合设计期望而中止项目或者重置项目的严重失控。

造型与评价流程是造型过程研究的某种固化形式，其核心是整个造型与评审过程的实际操作单元，即通过规范操作对象来实现流程控制。本文主要研究和探讨了两个设计过程要素：第一，语义对象的筛选与归纳，即核心形容词；第二，造型特征的获取与表征，即特征线。

2.2.1　语义对象的筛选与归纳——核心形容词

构建用于评价长安汽车产品造型的基础语义库是语义对象筛选与归纳，获取核心形容词的关键。造型心理测量领域，早在1957年奥斯古德与苏希（G. J. Suci）和坦南鲍姆（P. H. Taunenbaum）通过语义差异法，进行过成功的尝试。语义差异法由被评估的事物或概念（concept）、量尺（scale）、受测者（subject）等三个要素构成[51]。被评估的对象可为具体或抽象的事物；量尺也称量表，是心理测量的一种度量概念，语义差异法量尺由成对的双向形容词构成；受测者即心理测量被试。奥斯古德提出了两种形容词搜集方法：一是，联想法，即对被测概念，从多数的受测者搜集第一印象的语汇;二是,文献调查法,即从相关辞典或文章中,抽出词语[52]。本文研究采用文献法,先从文献调查法穷举可能用于描述汽车造型的形容词集,然后通过问卷调查法,通过被试的词语联想对词集进行筛选。具体研究过程如下:

1. 形容词来源与依据

形容词来源与依据采用1995年1月出版的《现代汉语形容词辞典》[53]。即研究中所有的形容词均来源于国家规范出版的现代汉语形容词辞典,确保用词的规范和准确(图2-9)。

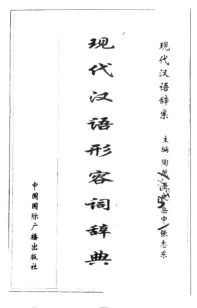

图2-9 现代汉语形容词典

《现代汉语形容词辞典》包含了现代汉语形容词总量近3000个，涉及不同类型的形容词。作为形容词研究的基础，《现代汉语形容词辞典》具有一些重要的特点。第一，形容词语意的稳定性，采用规范辞典对于避免时间和地域不同带来的测量误差，评价量尺形容词的语意具有足够的稳定性，不造成描述意义的误解具有非常重要的意义。第二，形容词语意的完整性，即形容词能够有效覆盖汽车造型描述的完整和统一。第三，形容词来源的权威性，形容词来源符合国家标准。考虑到评价量尺采用形容词对，即正反义形容词对，本研究采用《反义词词典》[54]。研究通过过滤单音节和双音节形容词中没有反义的形容词；通过类属过滤，过滤状态形容词。构建了正反义形容词对表图（图2-10）。

如图2-11所示，正反义词对表具备语意的稳定性、语意的完整性以及形容词来源的权威性，符合本研究的基本要求。在此基础上，必须对形容词作进一步的处理，保证选取的形容词对在“语意程度”上具有很好的连续性，才能符合评价量尺的功能需求。在中文体系中，性质形容词表示事物的属性，在程度量上表现出无界性，通常占据一个有效大伸展空间的量幅[55]。性质形容词的典型性与量幅伸展空间存在着一种依变关系，这种关系的语法表现是，典型的性质形容词具有与微量、中量、高量和极量等四种不同量级的程度和词组配对方式，以表现其潜在的程度性上的可延伸性。本研究采用音节过滤与句槽判定法[56]，以过滤得到具有语义伸展空间的性质形容词。

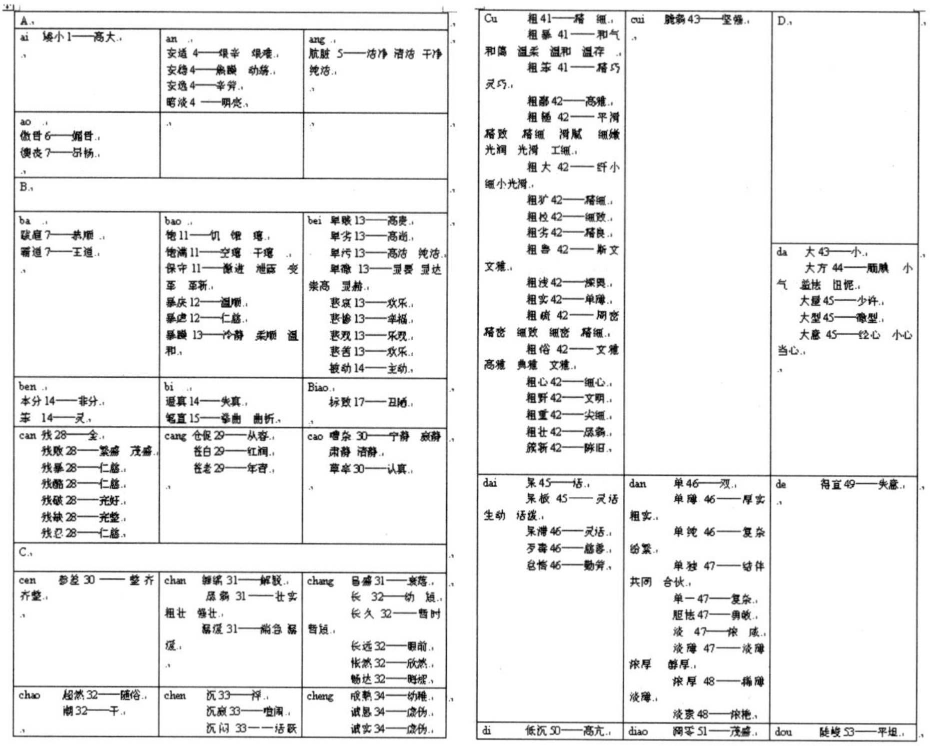

A.		
ai 矮小1——高大	an 安适4——艰辛 艰难 安稳4——急躁 动荡 安逸4——辛劳 暗淡4——明亮	ang 肮脏5——洁净 清洁 干净 纯洁
ao 傲骨6——媚骨 懊丧7——昂扬		
B.		
ba 跋扈7——恭顺 霸道7——王道	bao 饱11——饥 饿 瘪 饱满11——空瘪 干瘪 保守11——激进 进步 变革 革新 暴戾12——温顺 暴虐12——仁慈 暴躁13——冷静 柔顺 温和	bei 卑贱13——高贵 卑劣13——高尚 卑污13——高洁 纯洁 卑微13——显要 显达 崇高 显赫 悲哀13——欢乐 悲惨13——幸福 悲观13——乐观 悲苦13——欢乐 被动14——主动
ben 本分14——非分 笨 14——灵	bi 逼真14——失真 笔直15——弯曲 曲折	Biao 标致17——丑陋
can 残28——全 残败28——繁盛 茂盛 残暴28——仁慈 残酷28——仁慈 残破28——完好 残缺28——完整 残忍28——仁慈	cang 仓促29——从容 苍白29——红润 苍老29——年青	cao 嘈杂30——宁静 寂静 肃静 清静 草率30——认真
C.		
cen 参差30——整齐 齐整	chan 缠绵31——解脱 孱弱31——壮实 粗壮 健壮 潺缓31——湍急 潺缓	chang 昌盛31——衰落 长 32——幼 短 长久32——暂时 暂短 长远32——眼前 怅然32——欣然 畅达32——晦涩
chao 超然32——随俗 潮32——干	chen 沉33——浮 沉寂33——喧闹 沉闷33——活跃	cheng 成熟34——幼稚 诚恳34——虚伪 诚实34——虚伪

Cu 粗41——精 细 粗暴41——和气 和蔼 温柔 温和 温存 粗笨41——精巧 灵巧 粗鄙42——高雅 粗糙42——平滑 精致 精细 滑腻 细嫩 光润 光滑 工细 粗大42——纤小 细小 光滑 粗犷42——精细 粗拉42——细致 粗劣42——精良 粗鲁42——斯文 文雅 粗浅42——深奥 粗实42——单薄 粗疏42——周密 精密 细致 细密 精细 粗俗42——文雅 高雅 典雅 文雅 粗心42——细心 粗野42——文明 粗重42——尖细 粗壮42——孱弱 簇新42——陈旧	cui 脆弱43——坚强	D. da 大43——小 大方44——腼腆 小气 羞怯 扭怩 大量45——少许 大型45——微型 大意45——经心 小心 当心
dai 呆45——活 呆板45——灵活 生动 活泼 呆滞46——灵活 歹毒46——慈善 怠惰46——勤劳	dan 单46——双 单薄46——厚实 粗实 单纯46——复杂 纷繁 单独47——结伴 共同 合伙 单一47——复杂 胆怯47——勇敢 淡 47——浓 咸 淡薄47——浓厚 醇厚 浓厚48——稀薄 淡薄 淡素48——浓艳	de 得宜49——失宜
di 低沉50——高亢	diao 凋零51——茂盛	dou 陡峭53——平坦

图2-10 正反义词对表图

2. 音节过滤法

在汉语中，一般性质形容词存在单、双音节的两类词汇，两个以上音节的形容词被过滤掉，如过滤掉热热闹闹，采用热闹；红红火火，采用红火。

3. 句槽判定法

判定框架如图2-11所示，研究中采用了基本语法句槽、弹性语法句槽、框架构成语法句槽等（附录D），获得了评价量尺的基本形容词（图2-12）。

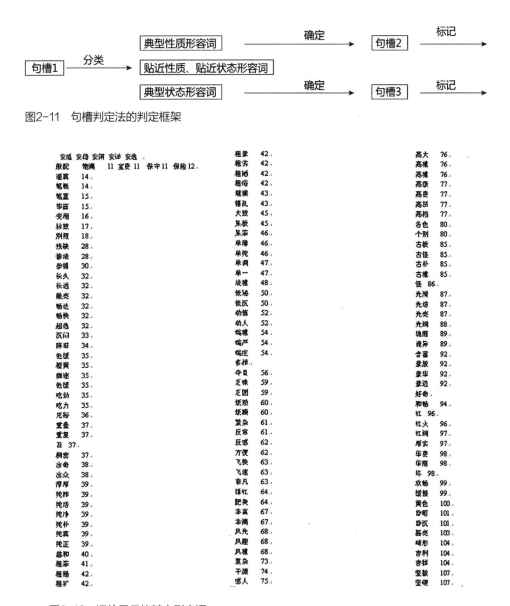

图2-11　句槽判定法的判定框架

图2-12　评价量尺的基本形容词

基于研究获取的形容词对（119对），设计了调查问卷（附录E），分别针对企业与高校师生两类人群进行了形容词使用习惯的调查，获取被试习惯用于描述汽车造型的形容词对（图2-13）。在企业和高校收回的一共67份有效问卷中，通过词频统计得到43个高频次形容词对（表2-1）。根据企业反馈意见，对词对进行了修改、合并，最终修改为31对形容词的评价量尺方案（表2-2）。31对形容词统称为“核心形容词”，被用于长安汽车造型的视觉评估的可选指标，并且通过词频统计得到造型相关人员对这些词汇的敏感度（图2-14）。形容词天然具备了在程度表述上的量幅性，如比较保守、很保守等，同时，概念上不会与形象化的设计语义名词造成混淆，因此，适合用于方案评审来实现设计过程的控制。

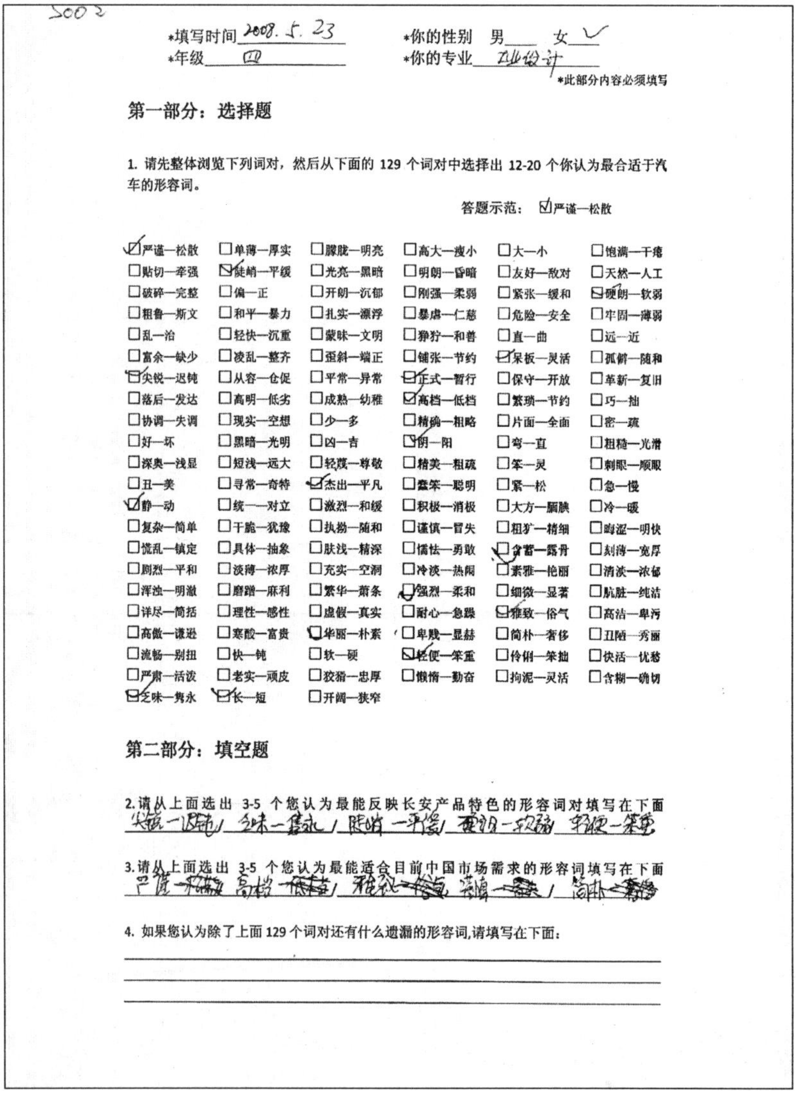
S002

*填写时间 2008.5.23　　*你的性别　男____　女 ✓
*年级 四　　*你的专业 工业设计
*此部分内容必须填写

第一部分：选择题

1. 请先整体浏览下列词对，然后从下面的 129 个词对中选择出 12-20 个你认为最合适于汽车的形容词。

答题示范：☑严谨—松散

☑严谨—松散	□单薄—厚实	□朦胧—明亮	□高大—瘦小	□大—小	□饱满—干瘪
□贴切—牵强	☑陡峭—平缓	□光亮—黑暗	□明朗—昏暗	□友好—敌对	□天然—人工
□破碎—完整	□偏—正	□开朗—沉郁	□刚强—柔弱	□紧张—缓和	☑硬朗—软弱
□粗鲁—斯文	□和平—暴力	□扎实—漂浮	□暴虐—仁慈	□危险—安全	□牢固—薄弱
□乱—治	□轻快—沉重	□蒙昧—文明	□狰狞—和善	□直—曲	□远—近
□富余—缺少	□凌乱—整齐	□歪斜—端正	□铺张—节约	☑呆板—灵活	□孤僻—随和
☑尖锐—迟钝	□从容—仓促	□平常—异常	☑正式—暂行	□保守—开放	□革新—复旧
□落后—发达	□高明—低劣	□成熟—幼稚	☑高档—低档	□繁琐—节约	□巧—拙
□协调—失调	□现实—空想	□少—多	□精确—粗略	□片面—全面	□密—疏
□好—坏	□黑暗—光明	□凶—吉	☑阴—阳	□弯—直	□粗糙—光滑
□深奥—浅显	□短浅—远大	□轻蔑—尊敬	□精美—粗疏	□笨—灵	□刺眼—顺眼
□丑—美	□寻常—奇特	☑杰出—平凡	□蠢笨—聪明	□紧—松	□急—慢
☑静—动	□统一—对立	□激烈—和缓	□积极—消极	□大方—腼腆	□冷—暖
□复杂—简单	□干脆—犹豫	□执拗—随和	□谨慎—冒失	□粗犷—精细	□晦涩—明快
□慌乱—镇定	□具体—抽象	□肤浅—精深	□懦怯—勇敢	☑含蓄—露骨	□刻薄—宽厚
□剧烈—平和	□淡薄—浓厚	□充实—空洞	□冷淡—热闹	□素雅—艳丽	□清淡—浓郁
□浑浊—明澈	□磨蹭—麻利	□繁华—萧条	☑强烈—柔和	□细微—显著	□肮脏—纯洁
□详尽—简括	□理性—感性	□虚假—真实	□耐心—急躁	☑雅致—俗气	□高洁—卑污
□高傲—谦逊	□寒酸—富贵	☑华丽—朴素	□卑贱—显赫	□简朴—奢侈	□丑陋—秀丽
□流畅—别扭	□快—钝	□软—硬	☑轻便—笨重	□伶俐—笨拙	□快活—忧愁
□严肃—活泼	□老实—顽皮	□狡猾—忠厚	□懒惰—勤奋	□拘泥—灵活	□含糊—确切
☑乏味—隽永	☑长—短	□开阔—狭窄			

第二部分：填空题

2. 请从上面选出 3-5 个您认为最能反映长安产品特色的形容词对填写在下面

3. 请从上面选出 3-5 个您认为最能适合目前中国市场需求的形容词填写在下面

4. 如果您认为除了上面 129 个词对还有什么遗漏的形容词，请填写在下面：

图2-13　形容词使用习惯的调查表

高频次形容词对　　　　　　　　　　　　　表2-1

单薄—厚实	协调—失调	严谨—松散	安稳—跃动	流畅—断续
呆板—机灵	寻常—个性	理性—感性	优雅—俗气	饱满—干瘪
强烈—柔和	轻便—笨重	粗犷—细致	开阔—狭窄	

丑—美	保守—开放	精美—粗陋	素雅—华丽	成熟—可爱
出众—平凡	繁复—简洁	友善—侵略	大方—秀气	

直—曲	具体—抽象	含蓄—露骨	简朴—奢华	统一—对立
前卫—复古	激烈—和缓	刚—柔	阴—阳	拙—巧
尖锐—迟钝				

修正后的高频次形容词对　　　　　　　　　表2-2

单薄—厚实	协调—失衡	严谨—松散	稳重—跃动	流畅—断续
刻板—机灵	大众—个性	理性—感性	优雅—俗气	饱满—锋锐
强烈—柔和	轻便—笨重	粗犷—细腻	开阔—狭窄	

丑—美	保守—开放	精致—粗糙	素雅—华丽	成熟—可爱
出众—平凡	繁复—简洁	亲和力—攻击性	大方—腼腆	

直—曲	拙—巧	含蓄—张扬	简朴—奢华	统一—对比
前卫—复古	紧张—松弛	刚—柔		

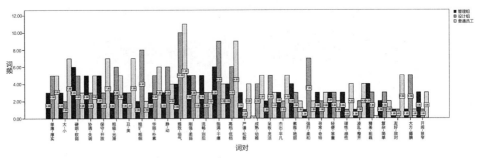

图2-14　形容词对的敏感度统计

2.2.2　造型特征的获取与表征——特征线

1. 汽车造型特征线

造型特征的获取与表征是长安汽车造型与评审流程的基础性研究，特征线的获取与表征是关键。特征线是汽车造型设计过程中，造型手绘与建模的基本操作单元（即线条），是造型与评审流程中最基本、具有实体性的元素。一般认为，汽车造型的认知是通过视觉对汽车特征的获取所形成的[57]。对于形态实体而言,特征主要是指形态独特或显著的部分(Any of the distinct parts of),可以说是作为标志性、区别性、可辨识的显著形态特点[58]。汽车造型特征主要是指汽车造型的形面风格信息和与造型相关的结构工艺信息的集合[59]。产品造型携带相关的显性形态特征和隐性风格意象信息,用户感知并产生感知记忆,与长时记忆中的经验或知识整合,形成对产品的美学印象、相关语义解释和符号联想[60],如图2-16所示。

图2-15所示,四张汽车效果图的外轮廓与绘制时采用的笔触,光影都十分相似,仅仅是车窗、肩线和裙线不同,但是人们仍然能一眼就分辨出他们之间非常不同的造型风格和造型特征。这说明汽车造型的特征线的处理不同就会形成造型表达和风格的不同。相关研究表明:汽车造型特征是汽车造型信息最集中的部分,是人们认知的关注点[61]。

汽车造型设计的全流程中,包括二维草图、效果图、三维模型的多种造型表达与操作(图2-16)。研究将汽车造型特征线作为长安设计流程中最基本的操作与评估单元,将汽车造型特征线定义如下。

图2-15　局部造型特征不同造成的视觉差异

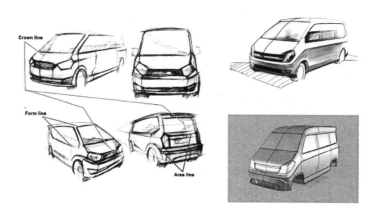

图2-16　草图绘制与三维建模中的特征线

定义1：汽车造型特征线是与整车造型相关的实体，由相应的实体标记（腰线，Belt Line），有特定结构约束和形态内涵。

定义2：在造型特征的层次结构中，造型特征线是基本类别层（basic level），即以"最小的代价包括最多的信息"。

2. 汽车造型特征线认知实验

为了深入分析汽车造型特征与特征线的概念及其认知属性，研究进行了汽车造型特征线的认知实验。

3. 实验的目的和方法

通过汽车造型特征线认知实验，依据被试的认知、定义和获取汽车造型的关键特征线。实验主要采用问卷法，被试为设计师，主要问题范畴围绕汽车造型特征线对汽车造型设计的影响。实验要求被试：

（1）标注20条被认为对汽车造型设计最有影响的特征线；

（2）按照主特征线、过渡特征线和附加特征线对特征线进行分类。

认知实验结果如表2-3所示。

特征线的提取结果　　　　　表2-3

特征线	1	2	3	4	5	6	7	8	9	10	11	12	13	14	15	16	17	18	19	20
主造型特征	10	10	10	10	10		9	10	9	6	7	7	0	0	0	0	1	0	0	0
过渡造型特征	0	0	0	0	0		0	0	1	0	0	0	7	10	10	3	2	3	4	3
附加造型特征	0	0	0	0	0		0	0	0	0	0	0	0	0	0	0	0	0	0	0
提取次数	10	10	10	8	10		7	10	10	9	6	6	7	10	10	3	3	3	4	3
特征线	21	22	23	24	25	26	27	28	29	30	31	32	33	34	35	36	37	38	39	40
主造型特征	0	0	0	0	0	0	0	0	0	0	0	0	1	2	0	10	0	0	0	1
过渡造型特征	0	0	0	2	2	1	2	0	2	0	0	0	0	0	1	0	1	1	0	0
附加造型特征	10	10	10	8	2	8	3	3	2	3	2	2	1	0	0	0	0	0	2	0
提取次数	10	10	10	10	4	10	3	4	2	3	1	1	2	1	10	1	1	1	1	1

统计10个被试（设计师）汽车特征线的独立提取和标注，共计有40条特征线被提取到。其中，单个被提取4次以上的特征线被确认为是关键特征线，总共有24条关键特征线。经过合并整理（顶线），得到最后20条汽车造型特征线（图2-17），包括9条主特征线、5条过渡特征线、6条附加特征线。在此基础上，结合编号、名称、形式化和角色意义，完成了如表2-4所示，特征线的形式化定义[62]。

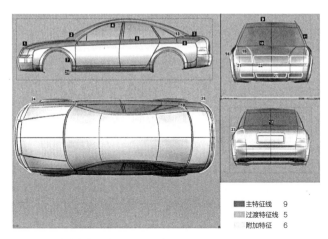

图2-17 关键特征线

汽车造型特征线的形式化　　　　　　表2-4

编号	名称	形式化定义	角色类型
e1e2e3	侧面顶型线	从正侧视角度观察到的位于车身顶部体现车型的空间曲线，属于侧面轮廓的一部分	主特征线、引擎前后挡风玻璃、车顶、尾箱
e4e5	车窗线	从正侧视角度观察到的车窗边缘线	主特征线、侧窗
e7	轮罩线	从正侧视角度观察到的轮罩边缘线	主特征线、轮罩
e8	腰线	汽车的腰线是带有汽车外观现象信息，能够增强车身侧面刚度，在侧车窗下沿线下方与之成一定夹角的空间曲线	主特征线、车身侧面
e9	正视车顶线	从正前视角度观察到的车顶边缘线	主特征线、车顶
e10	前挡风玻璃下沿线	前挡风玻璃下边缘线	主特征线、前挡风玻璃
e11	前视轮廓线	从正前视角度观察到的车身最大处截面线	主特征线、侧窗、车身侧围
e12	后挡风玻璃下沿线	后挡风玻璃下边缘线	主特征线、后挡风玻璃
e13	侧围车顶过渡线	AC柱与车顶边缘线	过渡特征线、A柱、C柱
e14	轮罩弧线	轮罩最大截面线	过渡特征线、轮罩、侧翼子板
e15	引擎盖折线	位于引擎盖上，起装饰作用	过渡特征线、引擎盖
e17	A柱下沿线	A柱与侧围相连的边缘线	过渡特征线、A柱

续表

编号	名称	形式化定义	角色类型
e18	C柱下沿线	C柱与侧围相连的边缘线	过渡特征线、C柱
e21	前大灯轮廓线	前大灯外围轮廓线	附加特征线、前大灯
e22	进气格栅轮廓线	进气格栅外围轮廓线	附加特征线、进气格栅
e23	尾灯轮廓线	尾灯外围轮廓线	附加特征线、尾灯
e24	前保险杠外缘线	从正顶视角度观察到的前保险杠外缘线	附加特征线、前保险杠
e25	后保险杠外缘线	从正顶视角度观察到的后保险杠外缘线	附加特征线、后保险杠
e27	格栅雾灯造型轮廓线	进气格栅与雾灯造型群的轮廓线	附加特征线、刹车格栅、雾灯
e36	侧面下沿线	从正侧视角度观察到的车身下缘线	主特征线、裙摆

2.2.3 分析小结

本节针对长安造型设计与评审流程，采用心理测量和认知实验方法，筛选与归纳语义对象（即核心形容词），获取与表征造型特征（即特征线）。研究的目标是将造型与评价流程以"语义"和"特征"的形式固化起来，即通过规范操作对象来最终实现流程控制。研究得到了31对形容词，统称为"核心形容词"，作为长安汽车造型的视觉评估的可选指标。研究还得到最后20条汽车造型特征线，包括9条主特征线、5条过渡特征线、6条附加特征线。

研究发现，造型团队合作完成设计，需要对设计语义和造型特征具有清晰的定义与格式；概念设计阶段的核心形容词与设计深化阶段的造型特征线是两类关键的设计与评审的操作对象。另外，研究发现，设计师们描述造型时，语义概念可以被归纳成风格、品牌与功能三类。表明设计的目的性具有更加综合的语义内容。

2.3 基于形象思维的语义联想模块构建——辅助系统

语义联想模块是研究计算机辅助设计的基础模块之一，该模块的关键问题是如

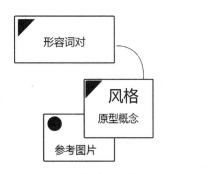 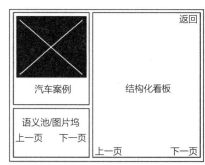

图2-18　设计概念的语义与形象表示　　　　图2-19　语义联想模块的低保真模型

何建立"语义"与"造型（特征）"之间的关系。在前面研究的基础上，具体采用了"语义池"—"结构化意象看板"的迭代循环方式，实现层级内联想和跳跃联想。前者是指，一次语义对应形象的结构化意象看板；后者是指，从一个结构化意象看板到另一个结构化意象看板的跳跃。这里，结构化的意象看板通过视觉化来表征语义词汇（核心形容词词对），即通过将语义可视化和视觉形象的语义标注两个途径，辅助设计师通过逻辑思维来操作设计概念和视觉对象，驱动造型设计工作始终指向设计目标，进行稳定的迭代。本节仅就模块的界面与交互进行说明，整个辅助系统后续章节再进行详细讨论。

如图2-18所示，设计概念或者视觉概念的语义与形象表示，即数据格式。一个设计概念表示为形容词对、风格概念和参考图；核心数据是描述性语义和图片。语义对象的具体数据格式为形容词对与视觉对象的数据格式，图片附件在数据结构中共同实现了对造型概念的立体描述。

在辅助系统中，语义联想模块的功能便是通过直观的界面，来实现语义对象与视觉对象的相互表征，从而表示出语义与图形之间所存在的关联关系。模块的界面框架如图2-19所示。

如图2-19所示，语义联想模块分为三个区域：汽车案例描述区、语义池/图片坞区、结构化看板区。在案例描述区，呈现所选择描述的汽车方案或案例，可以通过选取标签页的方式，选择查看案例的各角度甚至特写图片、车型参数、市场价格等设计定位信息；在左下角的语义池/图片坞区，为系统预置的对于此汽车案例的描述性词汇和参考图片，可以通过语义池/图片坞的切换，来选择查看语义标签或图片；右侧框图称为结构化看板，包括自然环境、人工景观、人物角色状态、产品造型、参考车型的完整结构，从抽象到具体、从宏观到微观的方式，来对应形容词。如图2-20所示，为语义联想模块的高保真模型。

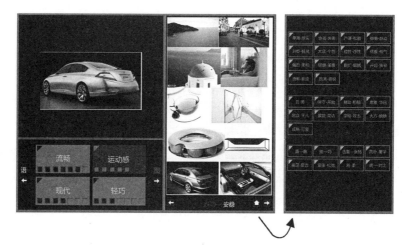

图2-20 语义联想模块的高保真模型

图2-21 图片坞视角的案例描述界面

如图2-21所示,选择某辆车型案例之后,可以从左下方的语义池区查看这类汽车造型所携带的造型语义,以及对应各语义的程度性打分(1-7分),程度打分越高的语义被系统认为描述的能力则越强,因此将其排列在语义池的最上端。也可以通过选择语义池中的某个语义标签,在结构化看板中,进一步观察与该语义相关的图形意象。在图片坞查看模式中,可以直接查看与汽车造型案例相关联的图片,并且通过点击选择图片，在结构化看板中，查看该图片所对应的语义，以及与该图片具有类似意象的其他图片，从而激活视觉化思维，辅助用户展开视觉化的联想。系统所推荐的图片之间，并不见得存在直观相似的视觉特征，并且所描述的对象分别处于不同的逻辑层面上，这是由结构化看板用图片集合解释语义对象，通过语义逻辑组织图片对象的自身特性所决定，如图2-21所示，为图片坞视角的案例描述界面，如图2-22所示，为逻辑对象的层级内联想与跳跃联想。

如图2-22所示，通过浏览模式下的使用方式，可以快速地获取已有汽车造型案例所对应的视觉特性与语义意象，可以展开在不同对象与结构间的视觉化跳跃联想。模块同时提供了交互与记录功能，来辅助用户在新设计概念时，展开更加长线的联想，将造型设计思路拓展到更远的程度，穷举出更多造型的可能性。

在语义池视图中，可以拖拽感兴趣的形容词，添加到语义池中，并且标记自己理解下的该词汇与设计主题的关联程度，然后查看感兴趣的形容词所对应的结构化看板，在看板中拖拽感兴趣的图片到图片坞，然后通过重新整理图片坞中的图片排序来组织展开联想的逻辑结构，通过结构化看板展开联想获取新的图片或者形容词对象，如此迭代，关联程度最高的语义慢慢被整理出来，操作者最感兴趣的图片也被组织好，用户也可以随时保存当前的联想进度，在设计展开到一定程度时，再来回顾自己以前的造型思路，获得新的灵感。在此模块中的所有操作都被简化为拖拽与点击，不需要绘制图片与输入文本，从而简化操作任务，降低操作者的技能门槛，并避免用户进行思考以外的各种对象操作时由于分心所导致的思维中断。如图2-23所示，通过概念图说明在框架间的迭代交互，实现联想拓展。由于此功能模块每一步的操作逻辑都简单清晰，技能门槛低，也可以快速地被其他人员（工程师、市场人员、管理人员）所掌握，成为与造型设计师进行有效沟通的一个交流工具。

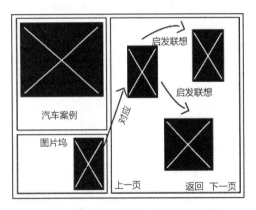 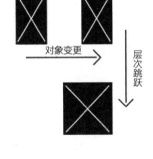

图2-22 逻辑对象的层级内联想与跳跃联想

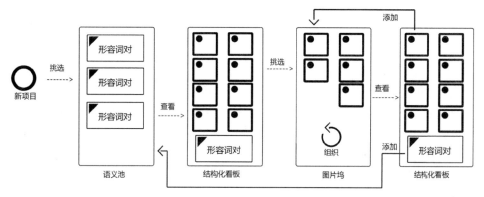

图2-23 通过框架间的迭代交互来拓展联想

2.4 本章小结

本章研究三个问题：第一，设计师通过意象、形象、审美来完成汽车造型的设计过程，其基本要素"语义"与"形象"的关系；第二，设计过程的组织怎样扩展与细分；第三，设计师的设计过程、设计活动的组织和可能的计算机辅助形式。研究采用造型设计过程——行政轿车设计案例研究；造型与评审流程——长安设计案例研究。获得以下研究成果。

采用案例分析法，结合文献资料对造型设计过程和实践进行分析，重点讨论的形象化设计语义获取（即立象），及设计语义的物理附着（即尽意）。概念设计活动是一个由基于语义信息处理的逻辑思维，过渡到基于形象生成的形象思维的转换过程，即立象。设计行为从本质上说，是一个逻辑思维和形象思维并重的过程。而在造型意象的定位与选择阶段，形象化的设计语义的提炼是一种符合艺术创作规律、行之有效的设计方式。所谓设计语义的物理附着（即尽意），是一个典型的双重编码加工过程，包括表征、参照和联想的具体认知加工。意象的加工与转化过程是在词语与视觉两个认知子系统下同时展开的，"尽意"是一个对意象进行加工与转化的过程，通过视觉概念在产品造型上的物理化来实现设计目的。研究提出，语义与形象作为造型设计中最为重要的两个要素，可以构成实用的轻量化汽车造型设计辅助工具——结构化意象看板。

针对长安造型设计与评审流程，采用心理测量和认知实验方法，筛选与归纳语义对象（即核心形容词），获取与表征造型特征（即特征线）。研究的目标是将造型与评价流程以"语义"和"特征"的形式固化起来，即通过规范操作对象来最终实现流程控制。研究得到了31对形容词，统称为"核心形容词"，作为长安汽车造型的视觉评估的可选指标。研究还得到最后20条汽车造型特征线，包括9条主特征线、5条过渡特征线、6条附加特征线。

采用了"语义池"—"结构化意象看板"的迭代循环方式，实现层级内联想和跳跃联想。前者是指，一次语义对应形象的结构化意象看板；后者是指，从一个结构化意象看板到另一个结构化意象看板的跳跃。通过将语义可视化和视觉形象的语义标注两个途径，辅助设计师通过逻辑思维来操作设计概念和视觉对象，驱动造型设计工作始终指向设计目标，进行稳定的迭代。

总之，在设计案例的整理过程中，通过语料收集与筛选工作构建了适合汽车造型设计过程控制的形容词库。基于实地调研得到的体会与素材，制作了一款实用的轻量化汽车造型设计辅助工具——结构化意象看板，并在其基础上规划设计了用于计算机平台上辅助现实设计流程的功能模块——基于形象思维的语义联想模块。

第 3 章

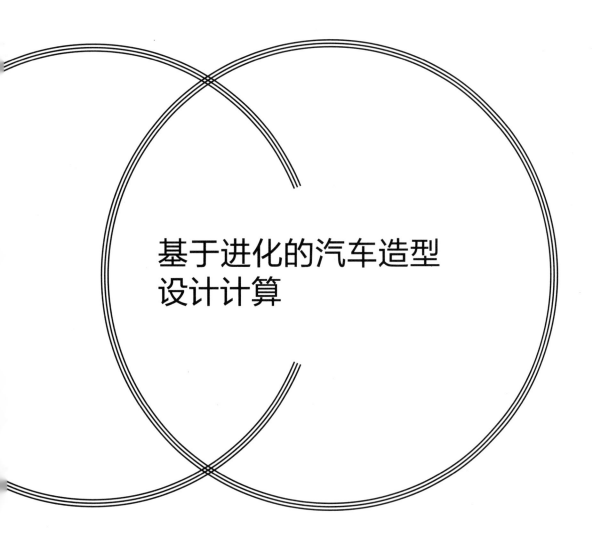

基于进化的汽车造型设计计算

汽车造型设计计算（design computing）是计算机辅助设计语境下的一种设计研究范式。本章的研究主题是基于进化的汽车造型优化设计方法，主要理论问题包括：

第一，造型设计的迭代关系；

第二，适合造型问题求解的遗传算法；

第三，造型问题进化设计的初始条件；

第四，造型问题进化设计求解的收敛。

传统的汽车造型设计过程主要分为设计任务分析，人工造型概念生成，造型设计方案完善和冻结三个阶段[63]。其中，造型概念生成是整个设计活动的核心，而且主要依靠的是设计师的个人灵感、创意和经验。整个设计过程中存在着造型概念生成基于灵感的不可控性，造型、工程、人机、品牌等知识整合存在断层，造型美学评价的模糊化和随机化等问题[64]。针对这些问题，目前的造型问题设计计算领域有大量关于汽车造型设计计算的研究，如景春晖等基于进化思想的汽车造型优化设计方法研究[65]；张文泉等提出产品造型基因以解释形态产生中的"遗传"和"进化"现象，并将此概念应用于汽车造型演变研究[66]；史密斯（Smyth）和华莱士（Wallace）对品牌基因（brand DNA）进行原型建模（archetype modeling），并通过进化算法辅助汽车概念造型的几何特征生成；以及麦考马克（McCormack）[67]和波德尔（Podehl）[68]等基于机械标准对汽车造型逻辑关系进行的研究等等。对汽车造型问题的设计计算来说，这些研究从辅助创意生成到造型逻辑研究，都有重大帮助。

本章的研究主要基于《长安A级车项目》案例，详细探讨基于进化思想的汽车造型优化设计过程和算法，重点研究如何针对汽车造型设计这一艺术领域的问题，将繁琐的重复性工作在计算机平台上展开，用特定的算法来实现设计问题的解决。

"长安"A级车项目案例是一个团队开发项目，当设计主体由独立的个体转变为团队中的成员时，设计过程出现了，并且设计语义的对象更加规范；形象对象更加结构化；以及设计目标更加明确的特点。在这样的设计场景中，每一个设计师都是从别人加工过的对象入手，展开自己那部分设计工作，加工到一定程度后以规范的格式将结构化的对象提交出去。这样的设计体系对设计师个体的依赖性相对减弱；外部设计团队也有了介入合作的可能性。在"大设计"时代，设计结果反映出集体的决策与规划，同时尽量激活设计师个体意志。值得注意的是，这种设计流程必定是一个逻辑化、结构化的设计对象拆解，按时序分解为不同的设计节点和设计（加工）对象。因此，设计环节中一些设计信息储存、提交和决策等相对规范而重复性的工作，有望被不断发展的计算机技术以算法的方式来替代。而规范化、结构化的操作对象，明确的设计目标给这种可能性提供了操作上的支撑。这也是设计计算发展的重要动因之一。

3.1 设计迭代与进化设计

根据汽车造型设计的案例分析与过程得知，项目最开始得到的设计只是一个或者多个不确定的设计概念。这些设计概念被以文本或者草图的形式表达出来，在开发团队中形成共同的设计主题，然后通过逐步筛选、细化才能得到最后的设计，这个"逐步求精"的过程被称为迭代设计过程。谭浩认为，产品造型设计情境转换模型反映了设计者在进行设计过程中逐步求精的问题求解过程[69]。迭代设计的优点在于每一次的迭代都是在上一次迭代的基础上进行的，迭代将致力于重用、修改、增强目前的设计结果，以使架构（设计概念）越来越合理。在设计周期的末端，我们除了得到设计结果，还得到了一个非常优化的设计架构。对于一个汽车开发流程来说，这个架构很有可能就是设计下一个车型的起点或参考。如图3-1所示，表示了两种迭代设计方式，上图为所谓分离式迭代，即设计流程存在交接断点；下图为所谓连续式迭代，即设计流程存在交接覆盖区。

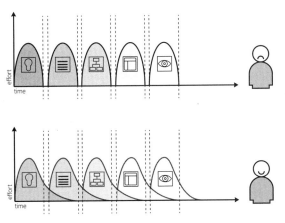

图3-1 设计过程的迭代（图片来自网络）

在数学中，迭代函数是重复的与自身复合的函数，这个重复过程就叫作迭代。迭代算法是用计算机解决问题的一种基本方法。它利用计算机运算速度快、适合做重复性操作的特点，让计算机对一组指令（或一定步骤）进行重复执行，在每次执行这组指令（或这些步骤）时，都基于变量的原值推出它的一个新值。

在设计管理理论中，这种每次设计和实现系统的一部分，采用逐步完成的方法叫迭代开发。每次设计和实现的一个阶段叫作一个迭代。这种逐步迭代的设计方式中包含着继承和优胜劣汰等过程，类似生命一代代的进化过程。因此通过迭代来完善或者优化每一轮设计结果的思想也被称为进化设计。进化设计思想的核心就是通过迭代来实现设计优化。

3.2 面向设计问题求解的遗传算法

对于汽车造型设计而言，非常依赖设计的领域专家经验。一方面，需要特定的造型设计专门技能和知识，甚至特指有同类产品造型设计的完整经验；另一方面，设计过程又需要包括草图、效果图、数模、油泥模型等多个专门的操作对象，而这些操作对象的专门技能和知识又属于不同的设计主体，单个个体几乎无法具备所有的设计操作技能和知识。因此，任何一种设计活动或操作都会对领域外的合作者形成某种意义上的"技术"壁垒，而造型设计本身是一个被神秘化的东西，设计人员之间的思维很难被理解与预测，也无法深入沟通与合作，称为设计"黑箱"。但是汽车造型设计过程的迭代特性又决定了设计周期中，各个阶段间的设计节点需要被拿给造型师以外的其他角色（造型、工程、市场、管理等）共同评价并给出迭代意见。因此就产生了设计知识的流通需求和不透明"黑箱"之间的矛盾。

为了确保设计过程实现真正的迭代，唯一的途径就是使造型设计的过程"透明化"，从而兼容其他知识背景人员的理性化、结构化思维，这也是知识无理化向有理化转化的必然途径。如果能够尝试用这种降低熵值的自然科学的思维方式来优化造型问题的求解过程，无疑将对不同知识领域的设计人员相互理解继而在设计过程的全周期中顺利沟通提供前提。由此可见，采用遗传算法这种符合自然规律并具备自然科学的可操作性的思维来解决造型设计这种带有进化特质的设计迭代问题是一条可行的研究思路。

遗传算法（Genetic Algorithm）是一类借鉴生物界的进化规律（适者生存，优胜劣汰遗传机制）演化而来的随机化搜索方法。它是由美国的（J. Holland）教授1975年首先提出，其主要特点是直接对结构对象进行操作，不存在求导和函数连续性的限定；具有内在的隐并行性和更好的全局寻优能力；采用概率化的寻优方法，能够自动获取和指导优化的搜索空间，自适应地调整搜索方向，不需要确定的规则[70]。通过遗传算法解决汽车造型设计迭代问题，首先需要解决以下两个问题：

第一，汽车造型进化设计的初始条件；

第二，汽车造型设计问题求解的收敛控制。

3.3 汽车造型进化设计的初始条件

3.3.1 汽车造型的特征线属性

上一章研究发现，特征线是汽车造型设计过程中，造型手绘与建模的基本操作单元（即线条），是造型与评审流程中最基本、具有实体性的元素。因此，可以认为汽车造型的主要操作对象能够被抽象为承载不同语义的若干特征线。而特征线的操作可以总结为如下6个要素[71]（图3-2）。

如图3-2所示，提出了6种特征线基本操作要素，包括凹陷感、S形态感、弧度变化速度感、张力感、光顺度和外凸感，不同的操作要素对应特征线本身的物理隐喻，绘制方式，以及带给人的感官印象。例如张力（Tension）的感觉，在物理加工上来源于一段弹性材料受力挤压时形成的视觉特征（图3-3）。

张力感的视觉特征可以总结为两种应变方式：

第一，保持线条的端点不动，使线条中间变平；

第二，保持中段不变，增加两端的曲率变化。

Manipulation	Hollow	凹陷（视觉）
	S-shaped	S形态
	Acceleration	弧度变化速度
	Tension	张力
	Lead in	光顺度
	Crown	局部上凸

图3-2 汽车造型特征线操作要素图[71]

图3-3 "张力"的视觉特征表达方式[71]

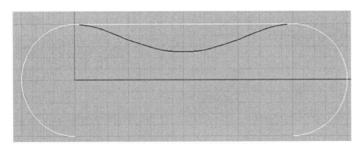

图3-4 平坦线条的凹陷错觉

物理属性与视觉感受之间虽然存在联系却又并非是直接对应的关系,这也是需要专门进行汽车造型属性模型的原因之一,比如对于凹陷(Hollow)的感受,其实往往来自物理上完全平坦的特征,在实际中并没有凹陷的面或者曲线,经常会因为人的期望或者错觉看起来具有凹陷感(图3-4)。

如图3-4所示,浅色线条便会给人主观上造成形态下凹入深色曲线的错觉。一般认为这种错觉来源于人们习惯将实际上略微上凸的天际线理解为平坦地面的原始经验(图3-5)。所以为了修正这种普遍存在的错觉现象,在汽车造型中往往需要刻意地设计出略微上凸的曲线与形面来抵消凹陷(Hollow)的错觉感受,为用户带来饱满的造型感觉。这些客观存在的人类感知规律可能是工程知识所难以理解甚至难以承认的;而抛开这些认知规律设计出来的汽车造型,往往在理论上貌似无瑕却很难得到消费者的认可。很多可以绘制出视觉上理想造型的设计师也不见得完全理解自己这样操作的原理,无法将自己的个体经验与他人进行交流。因此构建出汽车造型属性模型,将各知识领域中的物理属性、视觉属性、表现方式连接起来,总结出其中的规律与原理其实是保证设计流程中设计人员顺利沟通的基本前提。

图3-5 构成地平线原型的弧形线条

3.3.2 汽车造型的车型线属性

车型这个概念本身是直接对应其物理属性的,是决定汽车造型风格的重要依据。德系车中,车型等级划分主要依据车身长度、轴距、排量、重量等参数,且车身和轴距越长、排量越大,轿车的豪华度也越高(表3-1)。目前销售市场常见的小型车、微车型、紧凑车型、中等车型、高级车型、豪华车型、三厢车型、CDV车型、MPV

车型 SUV 等车型的划分，也是明确根据汽车的使用功能或者物理指标来作为划分依据。

德系车型等级划分表　　　　　　　　　　表3-1

类型	A0	A00	A	B	C	D
轴距（m）	2-2.2	2.2-2.4	2-2.45	2.45-2.6	2.6-2.8	>2.8
排量（L）	<1	1-1.3	1.3-1.6	1.0-2.4	2.3-3.0	>3

作为汽车造型特征线中的一个子集，车型线主要指反映汽车最主要造型特征的汽车前引擎盖侧面曲线、前挡风轮廓线、顶形线、后窗线和后箱线组合的一条侧面轮廓线，也称Y0线。同时，腰线的走向也是大部分车型的一个主要判定方式。在本次造型进化设计实验的初始条件中，车型特征被形式化为一段特定的贝塞尔曲线。20世纪60年代，法国数学家（Pierre Bézier）应用数学方法，为雷诺公司编写了这种曲线的数学表达，并且成功地应用于以后的汽车外形设计中，一个n次贝塞尔曲线如下（图3-6）：

$$P(t) = \sum_{i=0}^{n} P_i J_{i,n}(t), \quad t \in [0, 1]$$

$$J_{i,n}(t) = \frac{n!}{i!(n-1)!} t^i (1-t)^{n-i}$$

图3-6　贝塞尔曲线的经典公式

贝塞尔曲线和曲面是一种目前的汽车造型复杂面型数学表达方法。因此，可以用贝塞尔曲线的数学表达，对造型车型线进行统一的基因型转化，以便后续的进化计算。通过贝塞尔曲线，造型特征线可以转化成由若干特征点坐标构成的数学形式的特征线基因型，从而以此为基础进行进化设计（图3-7）。

本次造型进化的实验中，在操作界面上，表达车型特征的车型线被简化为包含8个定位点、7个控制点的形式化表达（图3-8）。目的是为了使后继的进化运算能够在小型工作站上在可以承受的时间范围内展开实验。

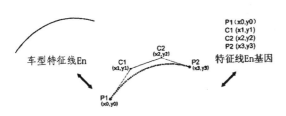

图3-7　车型特征线的基因型表达

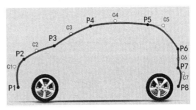

图3-8　车型特征线的界面化表达

显然，这些定位点与控制点并不是在任意几何范围内都具备实际车型意义，某些区间的坐标点分布完全超出人们对汽车造型中任何车型的期望。因此，还要规划一些基本的限制条件来过滤掉对本次造型进化而言完全不合理的汽车造型。部分限制规则及其注释如下，称为汽车造型的有理化规则表。

```
n=3
Pn'(x)＞Pn-1'(x)+110        //110是硬点中的引擎盖长度//
Pn'(y)＜Pn-1'(y)-2          //-2为硬点中的引擎盖高度//

n=4
Pn'(x)＞Pn-1'(x)+80         //80，P4相对于P3的后倾程度//
Pn'(y)＜Pn-1'(y)-30         //30，P4与P3的高度差由驾驶者眼椭圆范围决定//
Pn'(y)＞Cn(y)               //保证车顶不会凹陷，同时不超过总高太多//
```

图3-9 汽车造型的有理化规则表（部分）

3.3.3 汽车造型的造型语义

为了辅助评价，本次进化实验采用第二章提出的修正后的形容词对，共计31个词对（表3-2）。进化实验中，将每个车型的造型意象语义基因向量作为该车型的造型意象评价属性，以n个被判车型的造型意象语义基因向量共同组成的造型意象语义评价矩阵作为造型语义决策矩阵，经过人工干预的方式，实现进化迭代计算，从而得以评价为导向的进化设计与设计迭代。

用于进化实验的形容词对表　　　　　　表3-2

单薄—厚实	协调—失衡	严谨—松散	稳重—跃动	流畅—断续
刻板—机灵	大众—个性	理性—感性	优雅—俗气	饱满—锋锐
强烈—柔和	轻便—笨重	粗犷—细腻	开阔—狭窄	
丑—美	保守—开放	精致—粗糙	素雅—华丽	成熟—可爱
出众—平凡	繁复—简洁	亲和力—攻击性	大方—腼腆	
直—曲	拙—巧	含蓄—张扬	简朴—奢华	统一—对比
前卫—复古	紧张—松弛	刚—柔		

3.3.4 初始种群的设定

初始种群设定是进化设计的基础，也是初始条件。本次进化设计实验选择已有车型作为进化起点，获得进化设计结果后，再进入再设计。实验以《长安A级车项目》

的需求为目标，通过进化设计探索"长安奔奔"的后续车型设计风格。图3-10为按照轿车—微车、圆润—硬朗为意象尺度的初始车型的"海选"图，包括市场接收度高的多款紧凑型轿车。最终选择奇瑞QQ、铃木Splash、比亚迪F0，甚至标致206等，在意象空间上具有代表性的车型作为初始种群。如图3-11所示，为初始种群车型的车型线表示。

为了在进化算法中录入初始种群的造型基因（附录G），研究使用ACTIONSCRPT语言开发了通过关键点来编辑车型特征曲线，然后自动转化为造型基因的工具（图3-12），该软件还为初始种群的录入添加了曲线平顺、整体平移、参考图片载入、人机参数等辅助功能，同时能用于将进化计算的结果转化为车型线来输出显示。

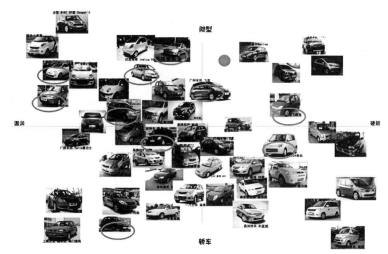

图3-10　初始种群的"海选"图

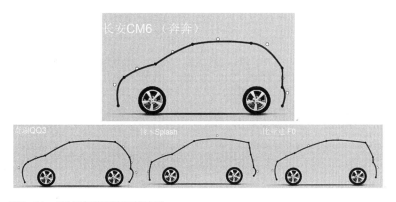

图3-11　初始种群的特征线表达

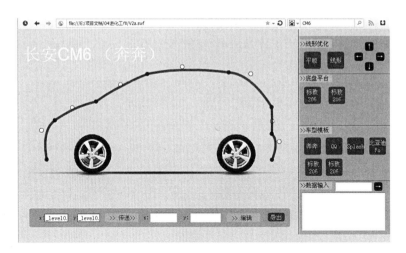

图3-12 特征线—基因型数组的转化工具

以长安CM车型为例,最后转化输出的造型基因格式被处理成一个包括定位点和控制点的坐标的数组输出,用于后继的进化计算,具体数据格式如下:[[60.25,235.55],[49.25,174.65],[77.75,153.55],[115.75,127.2],[170.25,114.55],[221.25,79.65],[280.7,57.55],[355.7,42.5],[455.2,54.55],[502.2,57.25],[546.7,126.55],[547.7,155.65],[546.75,182.55],[562.75,198.4],[547.25,236.55]]

3.4 汽车造型设计的进化实验与收敛控制

遗传算法的基本收敛过程如下:①初始化。设置进化代数计数器$t=0$,设置最大进化代数T,随机生成M个个体作为初始群体$P(0)$;②个体评价。计算群体$P(t)$中各个个体的适应度;③选择运算。将选择算子作用于群体。选择的目的是把优化的个体直接遗传到下一代或通过配对交叉产生新的个体再遗传到下一代。选择操作是建立在群体中个体的适应度评估基础上的;④交叉运算。将交叉算子作用于群体。所谓交叉是指把两个父代个体的部分基因加以替换重组进而生成新个体的操作。遗传算法中起核心作用的就是交叉算子;⑤变异运算。将变异算子作用于群体。即对群体中的个体串的某些基因座上的基因值作变动;群体$P(t)$经过选择、交叉、变异运算之后得到下一代群体$P(t_1)$;⑥终止条件判断。若$t=T$,则以进化过程中所得到的具有最大适应度个体作为最优解输出,终止计算。

可见,汽车造型设计问题的进化计算的收敛控制需要满足两个前提:可操作的适应度计算方法和终止条件的判断方法。可操作的适应度计算方法需要根据汽车造型设计这一特定目标对象来研究。而终止条件的判断常用的策略有两种，当收敛速度降低到一定程度时，或者是收敛时间持续到难以继续维持时。

3.4.1 视觉效能与迭代效应

为了度量进化过程的设计效应，本文提出了所谓视觉效能（vision performance）的概念。汽车造型的特征线属性（3.3.1）研究发现，造型存在物理属性与视觉属性两个关联的属性，其内涵是造型手法。物理属性是视觉属性的基础，而人在"看见"造型时，通过物理属性获得的感觉还是视觉属性的知觉本身[72]。例如，造型张力的感觉本质上说是观看人主动的视觉活动，是一种视觉属性。因此，造型设计时，设计师所关注的"指标"也应该是视觉属性，或者说感觉。这样所谓造型设计的迭代过程，每一次迭代都是更改了原有造型的物理属性，以获得更优化、更美的视觉属性。从这个观点来看，物理属性的更改可以视为造型调整的"代价"，而视觉属性的优化则是造型效果的反映。那么，设计迭代的效应就是视觉效能与物理属性变化所得到的比值，如以下公式所示：

$$E(x) = (\text{vision performance1} - \text{vision performance2}) / (\text{attribute1} - \text{attribute2})$$

如果带入到本次试验中所选用的造型基因表达方式中，物理属性的更改即若干特征点所产生的位移，公式具体化为：

$$E(x) = D(v)/D(p)$$

式中 $D(v)$——两次造型在观测者在心理上产生的认知落差；$D(p)$——造型基因中坐标点改变前后的距离。

3.4.2 基于造型语义的适应度

在造型进化实验中，采用可操作的适应度计算方法，即适应度打分机制。通过设计人员与进化系统交互的方式，每执行5代的进化计算，对被随机抽取的4个样本，通过转化工具获得车型特征线形，进行人工的视觉印象打分，并用下一轮抽取的样本打分差值来评估造型迭代效应，即系统计算出视觉效能（视觉属性）与坐标点位移（物理属性）的比值来对方案的造型进化效能进行评估，也就是计算出所谓遗传算法中的适应度。

由于适应度高的造型在遗传算法中具有较高的遗传概率，获得比较高的遗传优势。因此，在若干轮次的交互打分的干预后，系统生成的汽车造型群体会具有越来越高的视觉性能，即越符合交互干预者对造型的期望。在这样的驱动模式下被抽取出来用以记录与打分的造型样本，如图3-13所示。

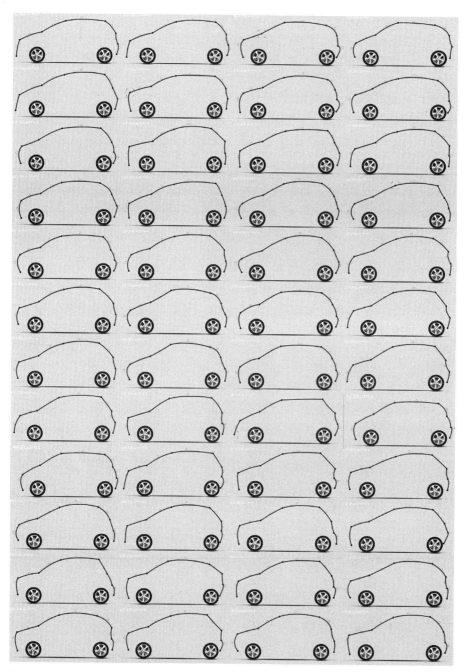

图3-13 进化过程中的造型生成样本

在实际操作中，为了确保两个迭代轮次间的造型具有非常直观的可比性，每次都将上一轮次中适应性评价最高的造型直接插入到本轮次中，和本轮次的种群一起继续进化，以进一步强化优势种族的遗传优势。在进行了11轮人工参与的交互式打分后，实验共获得了12轮次的48个造型输出。

3.4.3　设计优化与再设计

通过对12个轮次48个输出结果的线性表达可以观测到最后的造型样本之间的造型差异较初代有明显改观。而且最终的造型看上去更为自然，实际上每一轮中坐标点的位移较前代更小。这样的进化趋势与实验前对视觉效能提升的定义相吻合。其中得到优质个体（适应度最高），如图3-13所示，以及坐标数据（图3-15）。再按设计师喜好在优质个体中选择一个，设计师根据此侧面轮廓线的启发结合人机、市场定位等进行发散、如图3-16、图3-17。值得注意的是，在计算机辅助进化设计的基础上，再进行设计发散和效果图具有重要的设计方法论意义，例如，图3-14所示的优质进化个体（车型线、Y0），其表达的汽车造型体量和风格关系就具有很高的参考价值，隐含了大量的造型信息。

图3-14　优质进化个体

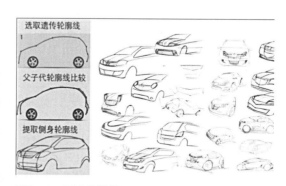

图3-16　设计发散草图

图3-15　遗传算法输出的基因数组　　图3-17　设计效果图

3.4.4　进化设计的多角色协调问题

在传统的造型迭代过程中，对于迭代轮次之间的造型评价总是存在一个显而易见的多角色协调问题，即评价组织者对于评价结论的形成具有主导性的影响力。而在本次造型进化实验中的人工参与阶段，由于打分人员是相对独立地面对计算机界面做出打分评价的，这就从根本上消除了所谓组织者引导这一干扰因素。但从另外一方面而言，系统中的打分人员由于相对独立，很可能是在用完全不同的造型指标来对当前方案进行评价。如果某个造型变异总是面对不同评价指标计算出的适应度打分，则得不到前后相关的迭代驱动。为了确保迭代过程中的有效驱动，试验采取的策略是，打分人员必须用相对稳定的形容词对造型进行打分，而且打分人员除了给自选指标打分以外，还必须使用其他打分人员所选定的形容词来对自己所负责的样本进行打分操作。并且通过隔代遗传策略，每一轮交互打分都会直接抽取一个上一轮已经打分过的对象插入，以此保证无论如何相邻的轮次之间总存在相关指标的驱动。

3.4.5　进化设计计算的品牌意义

张文泉认为，设计与品牌对话是汽车造型设计的方法论，继承遗传和隔代遗传的回归设计是汽车造型设计的创新设计方法；设计与时代的对话同样是汽车造型设计的方法论，变异和突变的跨越设计也是汽车造型设计的创新设计方法[73]。因此，遗传和变异是汽车造型进化设计计算的真正品牌意义。进化实验表明，在初始种群中包含品牌典型车型，是为品牌设计提供了遗传和变异的信息基础，本文开发汽车造型的进化设计的遗传和变异模块，如图3-18所示：

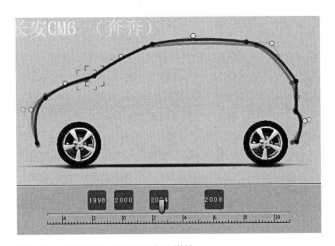

图3-18　进化设计的遗传和变异模块

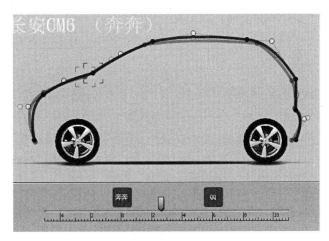

图3-19　品牌混合变异分析模块

该模块可以根据品牌经典造型样本与其年代标记的学习来预测未来风格的可能性，或者反方向运算以实现符合某一历史时期风格却又完全没有出现过的复古造型。而如图3-19所示，不同品牌风格之间混合变异模块，可以分析本品牌如何与其他品牌之间形成可识别的造型差异，计算本品牌造型在什么范围内进行修改时仍然可以保持品牌的识别性。

3.5　小结

本章通过一个设计案例，研究基于进化的汽车造型设计计算问题。主要的研究成果：第一，造型设计的迭代关系；第二，适合造型问题求解的遗传算法；第三，造型问题进化设计的初始条件；第四，造型问题进化设计求解的收敛。

研究认为：通过迭代来完善或者优化每一轮设计结果的思想就是进化设计的思想，进化设计的核心就是通过迭代来实现设计优化。为了确保设计过程实现真正的迭代，唯一途径就是使造型设计的过程尽量"透明化"，从而兼容其他知识背景人员的理性化、结构化思维。采用遗传算法来解决造型设计这种带有进化特质的设计迭代问题，是一条可行的研究思路。

本章将汽车造型的特征线属性、车型线属性和造型语义研究，作为进化设计的初始条件，并对初始种群进行了设定。在此基础上，完成了汽车造型设计的进化实验与收敛条件研究。提出了视觉效能、基于语义的适应度和设计优化，以及多角色的协调问题。

之后将汽车造型的物理属性转化为汽车造型的视觉性能优化问题，从而通过迭代计算的方式来进行运算求解。分析了汽车造型的视觉属性和物理属性之间的映射关系，并将其作为算法实现的基础，提出物理属性与视觉属性之间映射关系的不确定性正是汽车造型的艺术化特性。通过计算机进化算法生成各代汽车造型的物理属性，然后以渲染成视觉效果的形式输出显示，设计师对视觉效果进行语义打分的方式来实现造型进化的闭环反馈；实现了视觉属性与物理属性映射关系的不确定性这一艺术化特性在计算中的体现。最终通过进化计算的实践操作获得了符合设计要求的汽车造型。

汽车造型的进化实验，通过计算机算法实现了汽车造型的生成与优化，并且通过适当的进化收敛策略，实现了符合预先期望的造型样本群的迭代与收敛。在多学科合作下，遗传算法模块与研究开发编写的基因—造型转化模块相互配合，最终通过一个有效并且可操作的理性化造型流程，实现验证了基于视觉感受的造型专门知识与基于物理属性的工程知识之间相互解释与映射的可行性。当然，这只是一个非常初步的实验，从算法本身来说还需要进一步的优化以减少实验过程中的等待时间；更为关键的是，本次尝试仅在汽车造型的车型线要素这一相对简单的层面展开。

本章研究的意义不仅仅是初步验证了用计算机的算法实现造型设计问题的解决，更重要的是实现了设计师自然语言与计算机底层数据之间的互通。通过特征线的表征方法，实现了计算机数据在汽车造型设计领域的人性化表达，让设计师可以用自己熟悉的方式通过观察与评价来实现对计算机进化计算进程的收敛控制。同时，通过对特征线语义打分的方式，实现了计算机对设计师反馈意见的理解与运用。设计师这一传统艺术思维的角色与计算机纯理性计算的方式实现了相互理解与互动，这说明在科学合理的设计流程下，不但人与人之间的设计合作是可行的，人与算法模块之间的设计合作也是可以实现的。

第 4 章

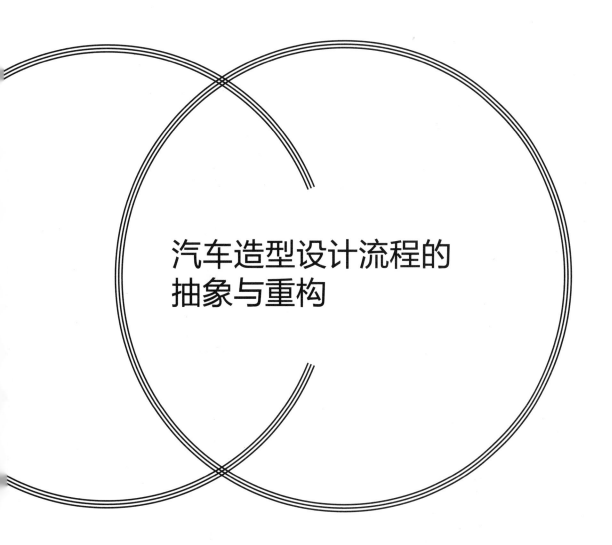

汽车造型设计流程的
抽象与重构

本章研究汽车造型设计流程的抽象与重构，即以设计流程的抽象为基础，进行设计流程重构，为构建汽车造型计算机辅助设计系统提供基础。本章研究的前提包括：第2章汽车造型设计的语义与形象研究，即设计艺术研究；第3章基于进化的汽车造型设计计算研究，即设计计算研究。前者是基于对象与阶段结构的设计艺术过程及其框架；后者是基于进化算法来实现汽车造型优化设计实验，初步验证了在设计概念阶段，可以基于设计师与计算机交互来实现对操作对象与评价对象的计算操作，达到"优化"的设计目标。

本章研究主要基于《长安汽车造型设计与评审流程研究》案例，对整个汽车造型设计业务流程进行抽象，试图实现计算机对设计流程的全过程介入辅助。主要学术问题是：第一，设计流程中的对象与阶段的抽象，即按照计算机数据结构的角度重新"理解"汽车造型设计过程；第二，通过流程的重构来规划计算机辅助设计平台，保持与传统设计流程相对应，构建新流程体系。

4.1　设计过程抽象的目的与方法

丹尼斯·德布鲁勒（Dennis DeBruler）认为，计算机科学是一种相信所有问题都可以通过额外抽象来解决的学科[74]。事实上，过程抽象正是所有业务流程在计算机平台上实现数字化重构的前提之一。

抽象是从众多的事物中抽取出共同的、本质性的特征，而舍弃其非本质的特征。因此，抽象的过程实际上也就是一个"裁剪"的过程。在抽象时，同与不同，决定于从什么角度来抽象。抽象的角度取决于分析问题的目的。本章对汽车造型设计过程进行抽象是为了在计算机平台上重构设计过程，从而保障设计结果更加符合期望，这就需要构建一个稳定的模型框架。该模型框架需要在逻辑上清晰合理，适合数据流动，并且能够在有限的框架结构内，将实际的过程样本中影响设计结果的要素描述详尽。

对于汽车造型领域,目前没有特别通用的过程抽象方法。在相关领域的过程性研究中,最为经典的一种方法便是美国工程师吉尔布雷斯(Frank Bunker Gilbreth)于1912年提出的动素分析法[75]。

4.1.1 对象分解的动素分析法

在人机工程或者工效学(Ergonomics)领域的"时间动作研究"(time and movement)里[76],吉尔布雷斯最早开始动作研究,认为操作者的动作有许多种类,但是将动作细分到不能再分的要素后,可以发现所有的动作都由一些简单、共同的基本动作构成,即动素(Therbligs)。所谓动素就是完成一件工作所需的基本动作。吉尔布雷斯认为,人所进行的作业是由某些基本动作要素(简称动素或基本动素)按不同方式、不同顺序组合而成。为了探求从事某项作业的最合理动作系列,必须把整个作业过程中人的动作,按动作要素加以分解,然后对每一项动素进行分析研究,淘汰其中多余的动作,发现那些不合理的动作。他提出了17个动素,组成人的动作的最基本单元。后来,美机械工程师学会增加了"发现"(Find)这个动素,用F表示,这样动素分析基本要素扩充为现在的18种(图4-1)[77]。

类别	动素名称	文字符号	形象符号	定义
1	伸手	RE	∪	接近或离开目的物之动作
2	握取	G	∩	为保持目的物之动作
3	移物	M	⌣	保持目的物由某位置移至另一位置之动作
4	装配	A	#	为结合2个以上目的物之动作
5	应用	U	U	藉器具或设备改变目的物之动作
6	拆卸	DA	++	为分解2个以上目的物之动作
7	放手	RL	⌢	放下目的之动作
8	检验	I	0	将目的手与规定标准比较之动作
9	寻找	SH	◇	为确定目的物位置之动作
10	选择	ST	→	为选定欲抓起目的物之动作
11	计划	PN	⌐	为计划作业方法而迟延之动作
12	对准	P	9	为便利使用目的物而校正位置之动作
13	预对	PP	8	使用目的物后为避免[对准]动作而放置目的物之动作
14	持住	H	⌒	保持目的之状态
15	休息	RT	⌐	不含有用的动作而以休养为目的之动作
16	迟延	UD	⌒	不含有用的动作而作业者本身所不能控制者
17	故延	AD	⌐	不含有用的动作而作业者本身可以控制之迟延

图4-1 动素分析的基本要素表[77]

利用上述的动素表可以将现实中的任务完成过程抽象为一系列动素在时间轴上的分布图,即时间动作分析图(图4-2)。一个高效的人机系统必定具有一个合理的时间动作序列。

根据时间动作图就可以对任务进行抽象,并对任务过程进行分析。在吉尔布雷斯的动素理论中根据对操作的影响,动素可分为有效动素与无效动素两大类。而台湾的学者周道教授进一步将动素用4个同心圆表示,如图4-3所示。第一圈为中心圈,为

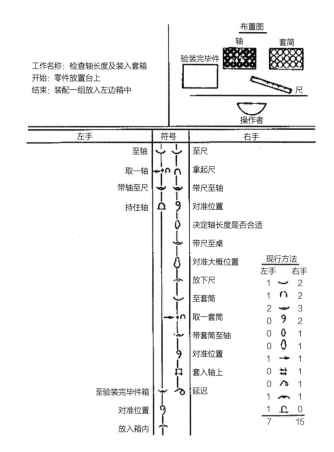

图4-2 用动素符号表示的检查轴长度及装入套筒的双手程序图[77]

核心动素；第二圈为常用动素，是改善对象；第三圈为辅助性动素，操作中愈少愈好；第四圈（最外圈）为消耗性动素，应尽可能予以取消。

可见，动素分析法是一个行之有效的工作过程分析方法，具有对具体任务进行分解的操作性，通过动素分类能够对任务效率进行定量分析，同时为任务优化提供了清晰、抽象的思路。但是动素分析法的抽象模型是一个典型的线性模型，因此只限于

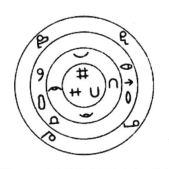

图4-3 动素结构（图片来自网络）

对简单任务的抽象分析，动素分析法从客观的时间轴视角分割流程，但却忽略了各环节间的逻辑结构。从动素入手，你很难了解在一个稍微复杂的流程中，并行的行为是如何相互关联来实现合作并完成共同任务的。所以此方法常局限于分析描述结构简单、重复性较强的操作片段。然而，动素分析对设计过程分析的最大启示是，可以采用对"可见"行为的时间和动作关系来抽象和分析一个业务流程，因为时间和动作具有可测量性、可观察性，这是科学研究的基础。

4.1.2 基于usecase的过程抽象方法

伊万·雅各布森（Ivar Jacobson）在1967年定义爱立信AXE系统的构架时，开始书写使用场景（usage scenarios）[78]。他自创了一个瑞典术语anvendningsfall，大意是"使用情况"（situation of usage）或用例（usage case）。最后在出版英文书籍时使用了"Use Case"这个英文词汇来描述自己的概念，中文翻译成"用例"[79]。用例模型主要由以下模型元素构成：

1. 参与者（Actor）

参与者是指存在于被定义系统的外部，并与该系统发生交互的人或其他系统，代表系统的使用者或使用环境。

2. 用例（Use Case）

用例用于表示系统所提供的服务，它定义了系统是如何被参与者所使用的，描述参与者为了使用系统所提供的某一完整功能而与系统之间发生的一段"对话"。

3. 通信关联（Communication Association）

通信关联用于表示参与者和用例之间的对应关系，它表示参与者使用了系统中的哪些服务（用例），或者说系统所提供的服务（用例）是被哪些参与者所使用的（图4-4）。

用例可以是一个场景，包括动作和交互。用例也可以是一组场景，描述不同场景下的多角色行为。这种书写格式可以在任何时候描述那些有变体的行为，例如需求、

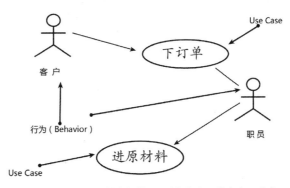

图4-4　参与者和用例之间的通讯关联（图片来自网络）

业务流程、系统设计说明等。在对应某个实际的设计流程时，用例是多个情境的叠加，是一个整体的复合概念。

从观察者的角度来说，用例分析法是完全站在系统外部来进行描述的。区别于动素分析法对于过程内部具体实施过程的关注，用例分析法更在意业务流程中各环节之间的关联性。从过程实施者以外的角度看，项目的管理者并不想了解任务完成的具体动作与行为，他们所关心的是进度，也就是任务何时进入下一阶段，或者何种条件下需要重复执行。基于用例的设计流程分析方法，其切入角度具有更好的针对性。从理论框架看，区别于动素分析法对于具体动作元素的分解与套用，用例法则关注于元素之间的关系与互动。因此，这是一个更加系统化过程抽象的理论框架。

4.2 汽车造型设计过程的系统结构分析

动素分析法属于典型的基于时间轴展开的过程抽象方法，其优势在于线性的过程描述，而且抽象、目标单一、可操作性非常强。用例的抽象方法则在逻辑层面展开抽象，优势在于支持对非线性过程的描述，因此可以描述的过程对象更加广泛。对于汽车造型设计这样一个同时牵涉形象解读与形体构造的任务流程而言，既需要相当的弹性描述那些广泛的操作对象，又需要清晰的可操作性来确保流程的实施。因此单纯的元素分解与阶段划分的抽象思路都不能满足这一需求。

在Rational公司推出的"有理过程模型"（Rational Unified Process，简称RUP）体系中[80]，同时包含了时间轴与逻辑轴两条过程抽象的研究路线，从理论上讲能够兼顾前两种过程抽象方法的优点。RUP是一个二维的过程模型，横轴通过时间组织，体现开发过程的动态结构，其描述术语主要包括：周期（Cycle）、阶段（Phase）、迭代（Iteration）和里程碑（Milestone）；纵轴以业务内容来组织，反映为自然的逻辑活动，体现开发过程的静态结构，其描述术语主要包括：活动（Activity）、产物（Artifact）、工作者（Worker）和工作流（Workflow），如图4-5所示。

RUP体系通过"活动—角色—工件"三个核心概念来组织模板。通过角色与活动的交互，可以构建传统的基于过程的模型来描述时间进度；基于工件的概念，通过角色与工件的交互，又组成了典型的面向对象的抽象方法。通过工件来评价活动，通过工件来影响角色，通过角色来执行活动并处理工件，三位一体的核心元素构建出RUP体系中特有的过程与对象相混合的结构模型（图4-6）。将RUP核心概念和结构应用于汽车造型设计领域，可以将汽车造型的过程通过活动的概念来梳理其动态结构，也可以通过工件的概念来分析其静态结构。

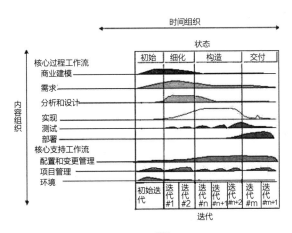

图4-5 RUP的二维过程模型[80]

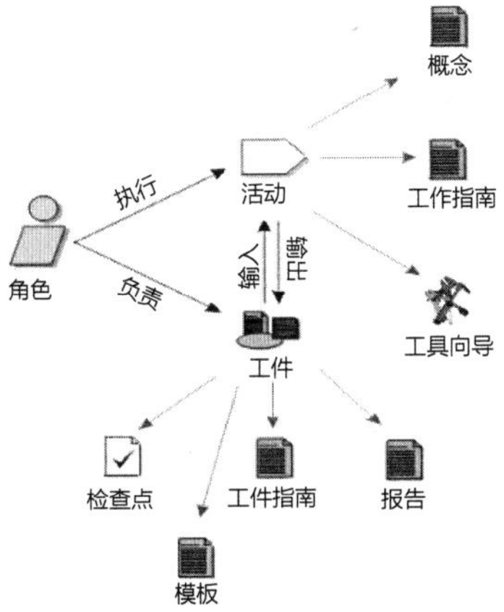

图4-6 基于活动—角色—工件的RUP模型（图片来自网络）

4.3 汽车造型设计过程抽象与辅助流程

对应软件开发概念，汽车造型设计的周期可以根据时间序列，分解为四个阶段：初始阶段（Inception）、细化阶段（Elaboration）、构造阶段（Construction）和交付阶段（Transition）。每个阶段结束于一个主要的"里程碑"（Major Milestones），即设计节点，每个阶段本质上是两个里程碑之间的时间跨度。在每个阶段，执行一次评估以确定这个阶段的目标是否已经满足。如果评估通过，可以允许项目进入下一个阶段。因此，所谓设计过程抽象其实主要是按设计阶段与节点（里程碑）构建辅助设计流程。

4.3.1 汽车造型设计过程与辅助的初始阶段

初始阶段的目标是确定设计项目的边界。为了达到该目的，必须识别所有与系统交互的外部实体，在较高层次上定义交互的特性。在这个阶段中，所关注的是整个项目进行的业务和需求，以及主要风险。初始阶段结束的标志是设计流程的第一个里程碑：称为生命周期目标（Lifecycle Objective）里程碑。生命周期目标里程碑本质上是项目基本的生存能力。在汽车造型设计领域中，初始阶段一般包含市场定位、用户分析、产品造型概念的产生与挑选，甚至概念草图的绘制。一个造型设计初始阶段比较理想的里程碑应该是概念文本（设计说明等）与造型草图混合的一份设计文件（图4-7）。

图4-7　展示设计初始阶段的版面（文本、草图）

4.3.2　汽车造型设计过程与辅助的细化阶段

　　细化阶段的目标是分析问题领域，建立体系结构基础，编制项目计划，淘汰项目中最高风险的元素。为了达到该目的，必须在理解整个系统的基础上，对体系结构做出决策，包括其范围、主要功能和诸如性能等非功能需求。同时为项目建立支持环境，包括创建开发案例，创建模板、准则并准备工具。细化阶段结束时第二个重要的里程碑：生命周期结构（Lifecycle Architecture）里程碑。生命周期结构里程碑为设计系统，建立管理基准并使项目开发组能够在构建阶段中进行衡量。此刻，要检验详细的系统目标和范围、结构的选择以及主要风险的解决方案。一个造型设计细化阶段比较理想的里程碑也应该是概念文本（设计说明等）与造型分析图混合的一份设计文件（图4-8）。

4.3.3　汽车造型设计过程与辅助的构建阶段

　　在构建阶段，所有剩余的构件和应用程序功能被开发并集成为产品，所有的功能被详细测试。从某种意义上说，构建阶段是一个制造过程，其重点放在管理资源及控

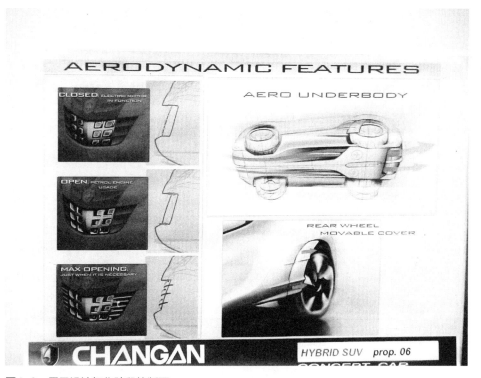

图4-8 展示设计细化阶段的版面

制作以优化成本、进度和质量。构建阶段结束时是第三个重要的里程碑：初始功能（Initial Operational）里程碑。初始功能里程碑决定了产品是否可以在测试环境中进行测试。此刻，要确定软件、环境、用户是否可以开始系统的运作。此时的产品版本也常被称为"beta"版，对应汽车造型中的"样机"概念。

4.3.4 汽车造型设计过程与辅助的交付阶段

交付阶段的重点是确保软件对最终用户是可用的。交付阶段可以跨越几次迭代，包括为发布做准备的产品测试，基于用户反馈的少量的调整。在生命周期的这一点上，用户反馈应主要集中在产品调整、设置、安装和可用性问题，所有主要的结构问题应该已经在项目生命周期的早期阶段解决了。在交付阶段的终点是第四个里程碑：产品发布（Product Release）里程碑。此时，要确定目标是否实现，是否应该开始另一个开发周期。在一些情况下这个里程碑可能与下一个周期的初始阶段的结束重合。

4.4 汽车造型设计流程的操作对象与工件

上节关于汽车造型设计过程抽象与辅助流程的研究，主要探讨了按设计阶段与节点（里程碑）构建辅助设计的"宏观"流程。本节探讨的关键问题是：该设计流程的具体操作对象与工件，为完整的流程重构提供操作性、结构性要素。基本的研究方法是：对比各工件在传统设计方式和在计算机方式中的不同处理方式以及其内在的关系。对于汽车造型而言，传统设计方式意味着"设计"的根本意义，即人的创造性。因此，辅助设计的概念绝不是"取代"的概念，而仅仅是"辅助"的概念，这一点非常重要。

设计流程中，以里程碑作为节点来控制流程的执行，当里程碑满足阶段性目标时，流程便进入下一阶段，反之则返回到本阶段，重复实施一次来形成迭代。同时，设计流程中存在各种具体形式的工件和操作对象，是流程的操作性、结构性要素。对这些结构元素的分析，有助于理解设计过程是如何在物理介质上，通过哪些具体的设计行为来操作完成的。

4.4.1 语义对象及其工件组成要素

语义对象是辅助设计的重要"工件"。造型设计过程中，语义对象具体表现为口语片段与文本资料，作为语义载体的工件对象为设计概念的形成与推理提供了操作基础。在语言学中将语义分类为逻辑意义、语法意义和语用意义[81]。

语义类工件的逻辑意义反映词语与现实的关系，在逻辑学或者计算机代码中，一般采用运算符来分析。从语言学的角度看，语义对象的逻辑意义是由基本语素的意义和相互间的语义关系构成的，不涉及语法性质。例如以下三个文本的逻辑意义是相同的：①"白鹿在树下低头饮水"；②"在树下低头饮水的白鹿"；③"树下有白鹿在低头饮水"。

其中"施事—动作—受事"等语义关系就是典型的逻辑意义。语法意义是由词语的语法形式所表现出来的意义，而上述三个语句例子之间的区别便属于语法意义的不同，主要由词语的语法形态、虚词或者语序等表示，可以看作语义片段中逻辑意义以外的附加含义。在造型语言中，语法意义比逻辑意义更加含蓄耐人寻味，普遍被认为具有更高的艺术欣赏价值。语用意义则与语言环境密切相关，在文学中以上下文的形式出现。在建筑学中，称之为"文脉"；而产品设计领域也用"情境"的概念来表述[82]。从操作性来看，逻辑意义是最早被形式化表达并且录入数据库的语义，而语用意义与现实世界最为接近，是设计研究中一直在探索的研究目标。常见的设计语义工件有以下几种形式，如图4-9所示。

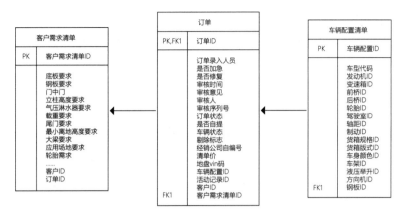

图4-9 设计需求清单（图片来自网络）

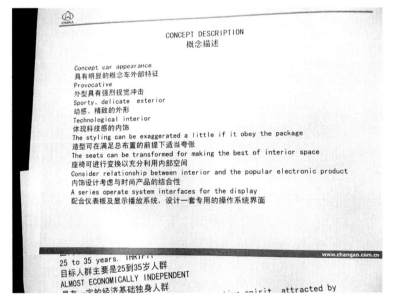

图4-10 概念描述清单

需求清单通常出现在偏工程的项目管理中，清单将设计目标分解为一系列相对独立的子需求，理论上在满足了清单中的每个需求子项目之后，整个项目的任务也就得到了完成。从这个角度看，需求清单体现了设计的基本意义，即通过对设计目标进行语义逻辑的分解，实现对设计任务的达成。

在汽车造型设计领域，需求清单表现一种概念描述表的方式，虽然包含了语义工件，但通常是一份不充分的需求清单。图4-10为某企业的汽车造型设计概念描述清单，显然其概念描述的各个子项之间没有明确的关系，因此该描述表的子项也可能在设计的推演过程中随时追加。这种子项之间松散的逻辑关系，体现了造型设计在概念设计阶段，需求与实现方式都不具有清晰描述的状态。而描述表中的子项和需求清单中的子项一样，必须是对设计目标有着正面意义的，这一共性体现了设计过程中的基本内涵。

为此，研究采用语义表的结构方式（图4-11），语义表方法中，排布在纵轴上的评价对象与语义之间的关系不能用共性与差异性这样非此即彼的概念来进行分析，于是通过对特定指标的打分数值来探索要素间的关联程度。

意象尺度图（图4-12）是语义打分表的另外一种展开形式，通过更加图形化的方式，利用空间距离来直观展现语义间的关联。设计人员通过意象尺度图可以直观地观察图形中语义之间的距离，以了解各意象主题的定位分布情况，分散的主题分布意味着围绕设计定位的设计方案，相对集中的主题分布则体现了设计意图的重点。

造型评价		造型意向尺度打分			设计师自选词汇打分		（长安）品牌形象符合度
评价维度／方案		优雅——俗气	单薄——厚实	含蓄——张扬	自选词汇	打分	打分
1	整车	-3 -2 -1 0 1 2 3	-3 -2 -1 0 1 2 3	-3 -2 -1 0 1 2 3	饱满	-3 -2 -1 0 1 2 3	-3 -2 -1 0 1 2 3
	格栅	-3 -2 -1 0 1 2 3	-3 -2 -1 0 1 2 3	-3 -2 -1 0 1 2 3	圆润	-3 -2 -1 0 1 2 3	
2	整车	-3 -2 -1 0 1 2 3	-3 -2 -1 0 1 2 3	-3 -2 -1 0 1 2 3		-3 -2 -1 0 1 2 3	-3 -2 -1 0 1 2 3
	格栅	-3 -2 -1 0 1 2 3	-3 -2 -1 0 1 2 3	-3 -2 -1 0 1 2 3		-3 -2 -1 0 1 2 3	
3	整车	-3 -2 -1 0 1 2 3	-3 -2 -1 0 1 2 3	-3 -2 -1 0 1 2 3		-3 -2 -1 0 1 2 3	-3 -2 -1 0 1 2 3
	前灯	-3 -2 -1 0 1 2 3	-3 -2 -1 0 1 2 3	-3 -2 -1 0 1 2 3		-3 -2 -1 0 1 2 3	
4	整车	-3 -2 -1 0 1 2 3	-3 -2 -1 0 1 2 3	-3 -2 -1 0 1 2 3		-3 -2 -1 0 1 2 3	-3 -2 -1 0 1 2 3
	特征	-3 -2 -1 0 1 2 3	-3 -2 -1 0 1 2 3	-3 -2 -1 0 1 2 3		-3 -2 -1 0 1 2 3	
5	整车	-3 -2 -1 0 1 2 3	-3 -2 -1 0 1 2 3	-3 -2 -1 0 1 2 3		-3 -2 -1 0 1 2 3	-3 -2 -1 0 1 2 3
	特征	-3 -2 -1 0 1 2 3	-3 -2 -1 0 1 2 3	-3 -2 -1 0 1 2 3		-3 -2 -1 0 1 2 3	

注：1. 打分表格以“优雅——俗气”为例：-3 代表极优雅，-2 代表比较优雅，-1 代表一般优雅，0 代表中性；1 代表一般俗气，2 代表比较俗气，3 代表极俗气。若给该方案打 2 分，就在标尺上数字 2 的位置画"O"表示。如：-3 -2 -1 0 1 2 3

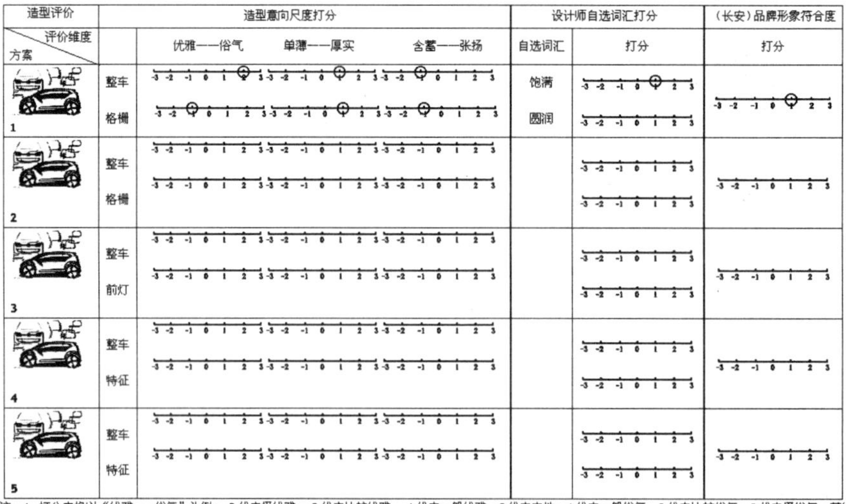

图4-11　语义打分表

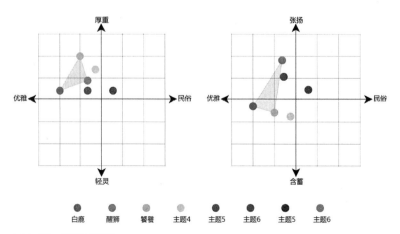

图4-12　意象尺度图

以上各种典型语义对象都能够在平面上，比如纸张上，记录与展示。因此在传统的设计环境中，可以被经济方便地进行操作。研究通过计算机技术的形式化，将逻辑语义与语义间拓扑结构两类信息，输入并保存到数据库，随时被计算机程序调用（图4-13）。值得注意的是，语义对象的处理是计算机辅助设计甚至是智能设计的前提条件。

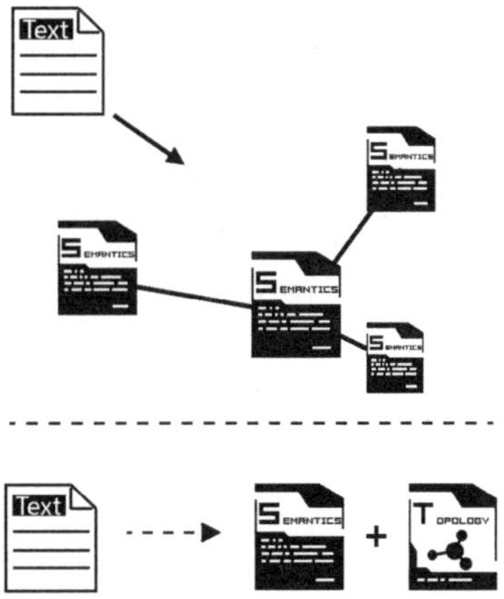

图4-13 逻辑语义与语义间拓扑结构

4.4.2 草图及其工件组成要素

草图也是辅助设计过程的重要"工件"。草图对象的操作被领域外的人们看作造型设计活动的主要特征。例如埋头绘制草图，或者围着草图方案进行分析评选等，都是普通人常识中的典型设计场景。设计师们可以利用草图从并不十分精确的尺度、比例开始整体思考，随着设计思路的进展不断添加细节来完成绘制。也有人从一个精细的局部造型开始扩展延伸，直至最后完成对整个对象的形态描述。草图绘制是一种自由度很高的操作方式，而且并不需要绘制的十分精确，存在多义性[83]。基于人类视觉感知特性的完形性，人们完全可以把一段粗糙断续的线条感知还原为连续流畅的造型轮廓。据说宝马MINI车型的最初方案就是其设计师亚历克·伊斯哥尼斯（Alec Issigonis）在一张餐巾纸上用草图的方式绘制出来的（图4-14）[84]。

在典型的设计过程中，一般认为对元素间关系的把握比对元素本身的还原更加重要，草图过程获得的思路与灵感比绘制的结果更加有意义，也就是说草图虽然有直观展示的特性，但是作为设计工具使用时，其主要功能还是用于造型的推理与修改。只有在特定用于讨论与交流时才会有必要绘制更加偏向表现的效果图。

草图在计算机辅助设计系统研究的早期，被当作简单的设计节点，也就是认为一幅草图包含了一个相对独立的设计方案，纸面草图被作为单独的个体对象被扫描保存为图片格式，用来存储、打印或者投影来进行方案筛选或者评审。这种情况下其他人只能通过草图的最后表现形式来辨识设计者的设计思路。而随着计算机处理能力的增加以及输入方式的丰富，草图越来越多地被当作一种人性化的设计输入方式。作为新的输入方式，草图的绘制过程被通过对笔画的时序、压力、形状等信息来详细保存，从而可以记录以及回放一个完整的草图绘制过程，也能够通过回溯到草图绘制的某个时间点来修改草图（图4-15）。通过对这种数字化草图绘制过程的记录，通过分析大量草图的过程样本，来对比每幅草图的绘制顺序、某个部分的绘制时间，从而分析出更多关于设计师在绘制草图时思考的细节，也催生了草图研究方法。

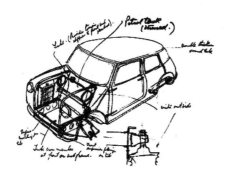
图4-14 Issigonis绘制的宝马MINI草图[85]

图4-15 手绘板输入数字化的草图

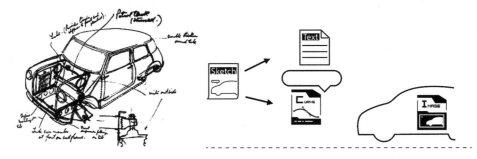

图4-16 草图工件的组成要素

如图4-16所示,为草图工件的组成要素,其中草图包括文本(Text)和线(Curve)两个要素,共同形成一个形象(Image)。数字化的草图在辅助系统重新呈现为具有结构组织的线条和线条组所对应的注释文字,整体描述为一个形象。

4.4.3 效果图及其工件组成要素

效果图是汽车造型设计过程的关键工件,具有特殊的设计价值。效果图是设计者对设计意图和构思进行形象化再现的形式。效果图描绘了汽车造型的光影、体积与细部特征等造型细节信息,并且尽量接近实物的表现效果,也不排除夸张效果的设计表现,用于设计者与其他角色方沟通时,提供给对方快速预览设计最终效果的手段。效果图一般包括手绘效果图和电脑效果图。

手绘效果图就是设计人员通过笔在平面的媒介上绘制出轮廓,再通过明暗光影、笔触上色等手段来表现产品的造型、色彩和质感等。可以在传统的介质比如纸张上完成,也可以在计算机软件用手绘板来绘制完成。汽车造型常见的手绘效果图软件有Alias公司(于2006年被Autodesk公司收购)的SketchBook等(图4-17)。

电脑效果图一般特指通过计算机建模渲染获得的效果图。电脑效果图的绘制先通过软件交互方式在界面中构建出汽车造型的三维模型,然后通过设置灯光、物体表面材质来指定其表现效果,最后通过特定的渲染算法得到仿真的电脑效果图。通过Alias

图4-17　Autodesk SketchBook Pro 2011的手绘效果图（图片来自网络）

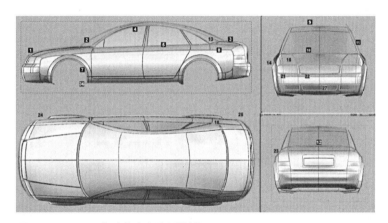

图4-18　用Alias构建的汽车造型数模

的建模与渲染模块便可以生成此类效果图（图4-18）。

　　三维建模方法与造型设计师手绘效果图有着巨大的区别，具有完全不同的RUP关系，因此一定会限制设计师的造型过程。正是因为这个原因，研究将电脑效果图的绘制与造型设计中的草图绘制在设计流程中明确区分开，这两种效果图的区别主要发生在绘制流程上，但与绘制的最终效果没有必然的关联。例如，手绘者通过超写实主义（Super Realism）的手法可以绘制出像照片一样真实的画面，这和主流的三维建模方式渲染出来的画面是一样的效果。而在计算机里建好三维模型后，调用非真实渲染算法（Non Photorealistic Rendering），也可以生成很像手绘笔触的电脑效果图，甚至还能模拟出墨水在纸面晕开的效果。这说明本质的区别不在效果上，而不同流程形成的不同设计方式，进而影响到设计的创新性和自由性。

　　辅助设计系统的发展使得两种效果图在绘制"体验"上的区别变得越来越小。计算机辅助设计软件都在积极尝试通过越来越"接近"手绘的方式，构建三维模型，或者是利用手绘对象生成三维模型。在Alias的建模模块中，就添加了很多以往在手绘模块中才有的操作方式。而主要用于建筑效果图绘制的新一代设计软件Sketch up的卖点直接就在命名上体现出来了——强调其建模的体验和手绘一致。

研究通过设计实践与企业实地考察，发现国内汽车造型设计领域中，草图和效果图还是专属于造型设计师团队内部的交流工具。大部分工程人员与市场人员几乎都需要见到实体模型甚至真实尺寸的样机后才能真正对造型提出有价值的意见，也排除部分效果图存在夸张或偏离视觉真实的情况。目前，三维全尺寸效果显示技术具有一定的增强现实感，但离真实效果仍有距离。

4.4.4 模型及其工件组成要素

模型是造型设计过程的实体工件。在汽车造型领域，普遍认为最具有评价意义的阶段发生在1:1油泥模型制作完成后。此时所有的形面都在实体上清晰表达，与真实造型一致的体量也有助于通过真实的视角来观察造型。汽车造型设计流程中，存在多种比例模型，一般依据其缩放比例分为1/18、1/12或者1/10，用于比较前期的造型预览，没有什么细部的描绘。稍后会采用1/5的比例模型，并且加入了一些细节的推敲。最后的1:1等大模型，往往要求所有的细节都尽量地接近真车的形面效果（图4-19、图4-20）。

模型也分为手工模型与机加工的模型。手工模型一般用覆盖在填充物上的油泥材料，通过油泥师手工加工完成。在欧美的传统汽车设计流程中，这个环节被看作是造型设计一个相当重要的环节。那些设计师普遍认为，只有通过触觉体验加工出来的模型才能称之为设计师的真正设计。而机械加工模型一般是用ABS塑料，代木或者其他硬性的材料，用数码加工中心铣削加工成型；或者用3D打印技术将特殊的胶水一层层固化堆积出最后的三维物理形态的。

图4-19　1:1汽车油泥模型（外部造型）　　图4-20　1:1汽车油泥模型（内部驾驶室）

采用虚拟三维技术，将汽车造型流程完全数字化，利用即时渲染技术在大幅面的幕布上投影真实大小的汽车三维效果图，甚至通过让观察者佩戴立体眼镜等手段增强虚拟演示的真实感。这些虚拟技术的目的是适应现在汽车设计流程的要求，在尽可能保留传统流程体验的前提下缩短设计流程，降低设计费用。然而，从设计流程和辅助设计的观点上看，仅有数字技术并不能表示会提高汽车造型设计的质量，需要深入研究数字技术对设计方式的改变。

4.4.5 样机及其工件组成要素

样机是指比1:1等大模型更加接近出厂产品的模型。汽车样机往往装载了底盘、发动机；甚至连车身覆盖件也尽量接近出厂产品的真实情况。比较完善的样机可以用来做安全性的碰撞试验，或者通过试驾过弯、加速等检测机动性能，最理想的样机当然希望可以和最终下线的产品一模一样。这样才能在批量产品下线前消除一切风险，并缩减为了降低风险设置过多余量所导致的成本浪费。本研究中，样机已经超出汽车造型设计的流程，但虚拟样机却是未来辅助设计的重要工件。

现代产品的开发流程中越来越重视虚拟样机的应用。虚拟样机是建立在计算机上的原型系统或子系统模型，它在一定程度上具有与物理样机相当的功能真实度。而虚拟样机设计环境，则是指模型、仿真和仿真者组成的一个集合，它主要用于引导产品从思想到样机的设计，强调子系统的优化与组合，而不是实际的硬件系统。某种意义上说，"需求清单"就是在虚拟程度上最抽象的一个概念层面的虚拟样机，而虚拟显示设备上展示的1:1虚拟模型则是针对视觉而言的虚拟样机。

一般意义上的虚拟样机是指在软件中能够通过若干物理指标仿真运算的三维数字模型。目前大部分物理样机制作以前都会经过虚拟样机仿真测试的阶段，以提高样机测试的成功率，避免重复制作样机带来的成本和周期浪费。在安全指标上完全省略物理样机测试，还是一个非常超前的流程构想。但是对造型设计而言，在汽车造型的前期就通过虚拟样机来模拟实车带来的各种视觉体验是存在一定风险的。

如图4-21所示，为样机工件的组成要素，其中样机包括文本（text）和模型（model）两个要素。文本文件为一系列设计文件，模型为实体模型或虚拟模型，整体描述为一个样机工件。

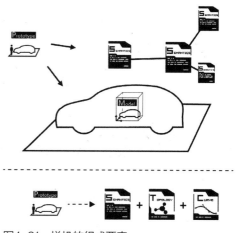

图4-21 样机的组成要素

4.5 汽车造型设计的流程重构

首先,汽车造型设计流程重构的基本思想是引入数字化,基本思路是基于RUP体系重建流程,而重构本身是以汽车造型设计流程的抽象和操作对象(工件)研究为前提的。本节采用"纸面原型"的方式,探讨在计算机平台上管理设计流程的方法,通过在数据库中构建与设计流程并行的虚拟流程来存储与管理现实流程。试图以设计流程的里程碑作为评审节点来耦合现实流程与虚拟流程,通过算法与计算机界面来决策与控制现实设计流程,完成设计迭代,即通过构建基于评审节点的数字化设计流程来实现设计流程在计算机平台上的"重构"。具体研究主要基于《长安汽车造型设计与评审流程研究》项目。

4.5.1 初始阶段的流程重构

基于设计流程抽象的基本架构,在设计流程初始阶段的里程碑和评审节点,其任务是从N个设计草图中,根据设计意象和语义,选出9个方案,且9个方案按3个一组构成"设计主题"[86]。如图4-22所示,为长安设计流程初始阶段的重构图。图中,草图工件到效果图工件是一个视觉表达的设计过程;同时,产生文本、拓扑关系、造型特征和造型意象等各种工件组成要素以及数字文件。

如图4-23所示,为初始阶段评审表格纸面原型设计。采用的语义为优雅—俗气、单薄—厚实、含蓄—张扬三个形容词对[87],包括方案、特征等(详见附录F)。

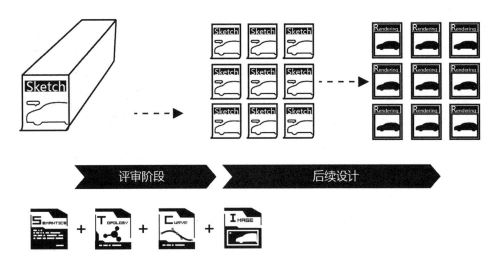

图4-22 长安设计初始阶段的流程构建图

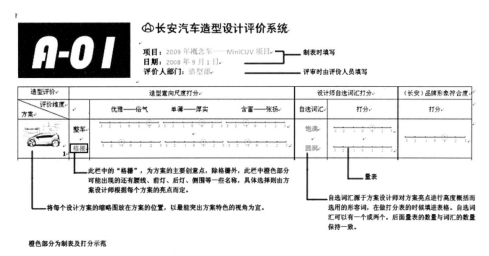

图4-23 初始阶段评审表格设计

初始阶段评审节点的数字文档包括工作：

（1）输入01—05。设计定位书，表格中应填信息来源于市场部，由设计部提炼填写。

作用：1）设计师依据设计定位进行造型设计；

2）评审开始时要宣读的材料；

3）备档。

（2）输入06—07。设计师自选形容词及方案描述，由设计人员填写，用于备档。

初始阶段评审现场控制要求如表4-1所示。

评审现场控制要求　　　　　　　　　　　　表4-1

参评人数	12～15人
方案提交形式	效果图
时间控制	90'

评审过程中的任务为：

1）打分01—02。整车及造型特征意向尺度打分表（特征是指方案的主要创意点，如格栅、腰线、前灯、后灯、侧围等），由参与评审的人员进行填写。

2）统计01—04。统计表包括整车及特征意向尺度图、品牌形象、自选方案的统计四项。由评审工作人员对打分表进行统计，结果录入统计表。作用：整车及特征意向尺度图用于检验方案在标杆车周围的分布情况是否完全，是否需要删减或补充。自选方案可作为补充的备选方案。

3）记录01—03。原有方案讨论记录。统计结果公布以后，参与评审的人员对各方案进行讨论，由工作人员将讨论结果分类填写进表格。

在评审结束后还需要输出文档和后续的设计一起作为下一阶段评审节点开始的前提条件，通过这样的方式来追踪设计的走向。

（1）输出01—02。最终九个方案确立原因及修改意见，由项目负责人综合打分统计结果及讨论记录对方案进行筛选，选中9个方案的选择原因及修改意见由工作人员填入此输出表格。

（2）输出03—04。设计定位书修改，每阶段的评审中设计定位书会随评审的深入做相应的调整。可用于指导下一轮的方案再设计及评估。

4.5.2 细化阶段的流程重构

如图4-24为所示，长安设计流程的细化阶段流程重构图。图中，效果图工件到比例模型工件是一个视觉表达到实体表达的设计过程；同时，也产生文本、拓扑关系、造型特征和造型意象等各种工件组成要素以及数字文件。

进入细化阶段评审节点的前提条件为完成下列文档的准备工作：

（1）输入01—02。对A阶段筛选后的9个方案进行选择原因及修改意见的输入备档，目的是作为后面几个阶段的方案筛选依据。由项目负责人填写。

（2）输入03。回顾A阶段筛选后的9个方案在意向尺度图中的定位，目的是把这一阶段中得到的意向尺度打分结果放入表中，与之前的结果做对照，便于筛选出3款方案。

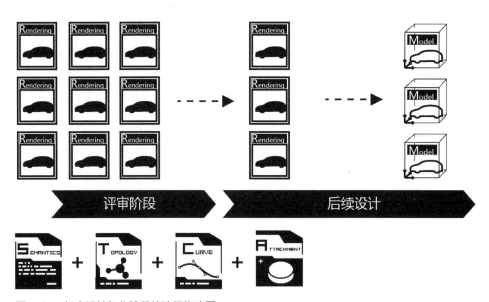

图4-24　长安设计细化阶段的流程构建图

（3）输入04—05。此文档的输入内容为，这次需要评审的9个方案在A阶段评审后，它们的修改原因、改动地方、突出亮点。目的在于让每个方案的输入输出有迹可循，便于管理。

评审现场控制要求如下表4-2所示。

细化阶段评审现场控制要求　　　　　　　　　　　　　　表4-2

参评人数	12~15人
方案提交形式	电脑模型/比例模型现场演示
时间控制	90'以内

在评审过程中的任务为：

（1）打分01—02。造型特征协调性打分表，内容是针对9个方案的意向尺度和特征协调性进行打分。由参与评审的人员进行填写。目的是从9个方案中筛选出3个。

（2）统计01—02。统计表包括整车及特征意向尺度图、造型特征协调性的统计两项。由评审工作人员对打分表进行统计，结果录入统计表中。

作用：整车意向尺度图中，新的9款车在表中的定位与之前9款车在尺度图中的定位做对照，为最后得到3款方案提供参考依据。造型特征协调性的打分统计主要作为后期方案再设计的参考依据。

（3）记录01—02。9个方案讨论记录。统计结果公布以后，参与评审的人员对各方案进行讨论，由工作人员将讨论结果分类填写进表格。

如图4-25所示，为细化阶段评审表图。采用的语义为优雅—俗气、单薄—厚实、含蓄—张扬三个形容词对[88]，包括主要的造型特征都进入细化评审阶段等。

图4-25　细化阶段评审表图

评审结束需要输出文档和设计修改方案一起作为下一阶段评审节点开始的前提条件，通过这样的方式来持续追踪设计的迭代。

（1）输出01。最终3个方案确立原因及修改意见，由项目负责人综合打分统计结果及讨论记录对方案进行筛选，方案的选择原因及修改意见由工作人员填入此输出表格。

（2）输出02—03。设计定位书修改，每阶段的评审中，设计定位书会随评审的深入做相应的调整。

4.5.3 构建阶段的流程重构

如图4-26所示，为长安设计构建阶段的流程重构图。图中，比例模型到全尺寸模型工件是实体表达的设计过程；同样，也产生文本、拓扑关系、造型特征和造型意象等各种工件组成要素以及数字文件。

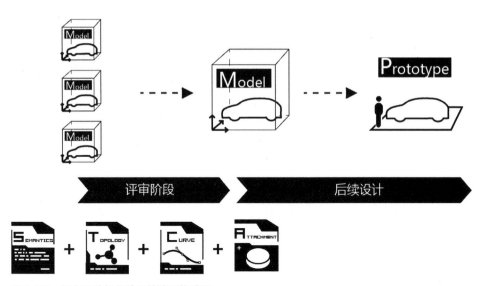

图4-26　长安设计细化阶段的流程构建图

进入构建阶段评审节点的前提条件包括下列输入：

（1）输入01。对B阶段筛选后的三个方案进行选择原因及修改意见的输入备档，目的是作为后面几个阶段的方案筛选依据。由项目负责人来填写。

（2）输入02。回顾B阶段筛选后的三个方案在意向尺度图中的定位，目的是把这一阶段中得到的意向尺度打分结果放入表中，与之前的结果做对照，便于筛选出三款方案。

（3）输入03。此文档的输入内容为，这次需要评审的三个方案在B阶段评审后，它们的修改原因、改动地方、突出亮点。目的在于让每个方案的输入输出有迹可循，便于管理。

（4）输入04。20条特征线说明文件

评审现场控制要求如下表4-3所示。

构建阶段评审现场控制要求　　　　　　表4-3

参评人数	12~15人
方案提交形式	比例模型/全尺寸模型及效果图
时间控制	90'以内

在评审过程中的任务为：

（1）打分01。特征线对整车及平台形象的表现的贡献大小打分，由参与评审的人员进行填写。目的是从三个方案中筛选出1个。

（2）统计01—02。统计表包括整车意象尺度定位图、特征线打分统计两项。由评审工作人员对打分表进行统计，结果录入统计表。

作用：整车意向尺度图中，新的三款车在表中的定位与之前三款车在尺度图中的定位做对照，为最后得到最终方案提供参考依据。造型特征协调性的打分统计主要作为后期方案再设计的参考依据。

（3）记录01。讨论记录原有方案讨论记录。统计结果公布以后，参与评审的人员对各方案进行讨论，由工作人员将讨论结果分类填写进表格（图4-27）。

在评审结束后还需要输出文档和后续的设计一起作为下一阶段评审节点开始的前提条件，通过这样的方式来持续追踪设计的走向。

长安汽车造型设计评价系统

C-01

项目：09年概念车——MiniCUV项目
日期：2008年9月1日
评价人部门：造型部

维度	优雅————俗气	单薄————厚实	含蓄————张扬
打分	-3 0 3	-3 0 3	-3 0 3

同意（√）　不同意（　）此方案作为最终方案

特征列表		贡献值排序			
		整车		平台系列形象	
		高	低	高	低
侧面顶型线 A	引擎盖折线 K	A	H	J	B
车窗线 B	A柱下沿线 L	D	C	C	F
轮罩线 C	C柱下沿线 M	F	I	L	D
腰线 D	前大灯轮廓线 N				
正视车顶线 E	进气格栅轮廓线 O				
前挡风玻璃下沿线 F	尾灯轮廓线 P				
前视轮廓线 G	前保险杠外缘线 Q				
后挡风玻璃下沿线 H	后保险杠外缘线 R				
侧围车顶过渡线 I	格栅雾灯造型群轮廓线 S				
轮罩弧线 J	侧面下沿线 T				

注：1. 维度打分以"优雅——俗气"为例，-3代表极优雅，-2代表比较优雅，-1代表一般优雅，0代表中性，1代表一般俗气，2代表比较俗气，3代表极俗气。若给该方案打2分，就在标尺上数字2的位置画"O"表示。如：
2. 贡献值排序规则：在"整车"一栏中，从左侧20条特征线中选出三条你认为对"整车"的贡献值最高的三条特征和最低的三条特征线，将特征线代号结果填入表格右侧。"平台系列形象"的填写方式同上。

图4-27　构建阶段评审表图

（1）输出01。方案选择原因及修改意见。由项目负责人综合打分统计结果及讨论记录对方案进行筛选，选中的9个方案的选择原因及修改意见由工作人员填入此输出表格。

（2）输出02—03。设计定位的修改，每阶段的评审中，设计定位书会随评审的深入做相应的调整。可用于指导下一轮的方案再设计及评估。

4.5.4　交付阶段的流程重构

如图4-28所示，为长安设计交付阶段的流程图。图中，全尺寸模型工件是实体表达的设计过程；同样，也产生文本、拓扑关系、造型特征和造型意象等各种工件组成要素以及数字文件。如图4-29所示，为提交阶段评审表图。

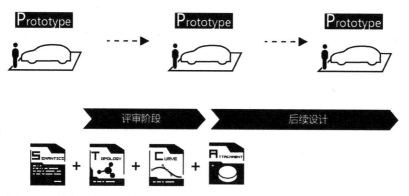

图4-28　长安设计交付阶段的流程

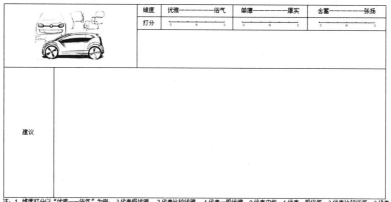

图4-29　提交阶段评审表图

进入交付阶段评审节点的前提条件为完成下列文档的准备工作：

（1）输入01。方案选择原因及修改意见。筛选后的1个方案进行选择原因及修改意见的输入备档，由项目负责人来填写。

（2）输入02。最终方案修改后，此文档的输入内容为：这次需要评审的9个方案在各阶段评审后，它们的修改原因、改动地方、突出亮点。目的在于让每个方案的输入输出有迹可循，便于管理。

（3）输入03。最终方案的意向尺度图。筛选后的1个方案在意向尺度图中的定位，目的是把这一阶段中得到的意向尺度打分结果放入表中，与之前的结果做对照。同样用于备档。

评审现场控制要求如表4-4所示。

提交阶段评审现场控制要求	表4-4
参评人数	12~15人
方案提交形式	全尺寸模型及效果图
时间控制	90'以内

在评审过程中的任务为：

（1）打分/讨论01。方案打分及讨论。由参与评审的人员进行填写。目的是为最终定案提出一些细节修改意见。

（2）统计01。整车意象尺度定位图。最终方案在表中的定位与其之前款在尺度图中的定位做对照。

在此阶段的评审结束后，若没有达到预期的设计目标，则进入迭代，重复执行此阶段的设计工作，并再次启动评审，直到项目完成。

4.5.5　基于工件的长安造型设计流程图

如图4-30所示，为基于工件长安造型设计流程图。图中包括，从草图到全尺寸模型工件的全设计过程；同样，所有文本、拓扑关系、造型特征和造型意象等各种工件组成要素以及数字文件。

图4-30　流程中各阶段的操作对象

4.6 小结

本章节分析了动素分析法与用例分析法对过程分解抽象的优劣,在这两者基础上,综合采用RUP概念和结构方法,实现了汽车造型设计流程的抽象与重构。采用RUP活动的概念划分汽车造型设计阶段;采用RUP工件的概念分析汽车造型设计过程的操作对象。抽象出以特定工件作为里程碑的阶段划分方法,并对汽车造型设计活动中的工件,即针对设计流程各阶段,对比分析操作对象和操作方法在数字和非数字化设计环境的表现形式。最终构建出基于评审节点的数字化设计流程,实现传统设计流程在计算机平台上的重构。

第 5 章

原型系统的框架构建
与相关模块开发

本章试图根据理论研究和流程抽象重构，建立一个较为完整的设计辅助系统，这部分研究也是国家973科研项目的一部分。所谓的较完整系统主要反映在两个方面：第一，对应汽车造型设计流程，实现全流程设计活动的控制与回溯，同时，在设计流程的任意阶段介入辅助；第二，对应造型设计项目目标，实现有效辅助，即能够在设计目标参数下，全程管理设计任务。基于这样的系统开发目标，该设计辅助系统的构建工作将在两个层面上展开：一方面，是框架性的构建，即在计算机平台上构建一个完整的设计流程框架，并与实际设计流程存在映射关系，数字化处理操作对象和工件，实现这些工件在数据库中的存储与管理，并在界面中有序组织，方便设计流程的调用与回溯，这种框架性的构建需要与现实设计流程紧密结合，并能够在计算机视图中以架构化的方式，来审视设计流程以帮助进行更好的设计决策；另一方面，是工具性的模块构建，即在软件中实现辅助设计的各种功能模块，追求人与计算机的无缝配合，这需要更加贴合设计方式的操作界面，更加平滑自然的工作流程，将更多隐性知识嵌入系统与流程，强化造型设计的辅助。

5.1 系统框架构建

5.1.1 造型设计过程管理系统框架

首先，将各设计节点的操作规范与相关文档模板打包，作为《长安汽车造型设计流程》的规范性手册（白皮书）。由于规范性文档中的数据只有两类：数据格式的语义信息（包括文本）；以及图形文件和数模文件。为了便于数据库存入、调用和修改，将各表格版面通过格式转换，并且将评审表格的字段与数据库相链接后，再制作一个框架结构来调用，形成白皮书到设计过程管理的系统转化。如图5-1所示，为设计流程与评审节点总图。

根据设计流程中将涉及的文档与相关操作分类组织，绘制系统操作树总图（图5-2）。

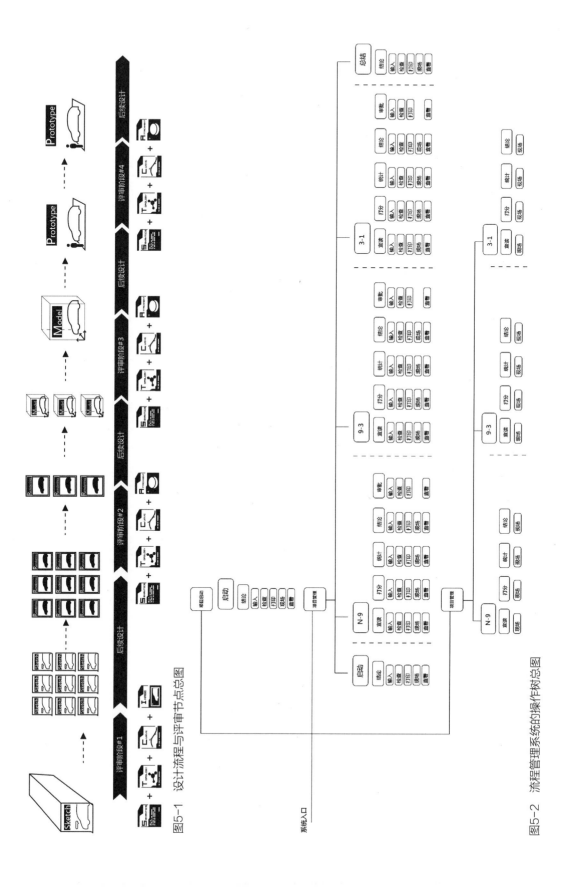

图5-1 设计流程与评审节点总图

图5-2 流程管理系统的操作树总图

将流程管理系统的操作树总图中操作树的复杂分支，整理出来作为其他分支的模板，并且根据此分支来拆解用户角色与规划各角色的Use Case。用例就是对系统功能的描述，一个Use Case描述的是整个系统功能的一部分，这一部分一定是在逻辑上相对完整的功能流程。如图5-3所示，为流程管理系统的角色划分与用例规划

根据角色与用例规划，编写每一个用例文档，设定软件的使用步骤。用例的推敲需要带入用户的使用情境来设想每一步操作后界面的改变，还包括用户的反应与操作选择。例如，如图5-3所示，编号为UC1的用例文档，即评审管理员通过模板录入制作初始阶段的评审，就需要01号表格的用例。

5.1.2 系统数据结构

根据UC表格整理出来的数据结构，如图5-4所示。

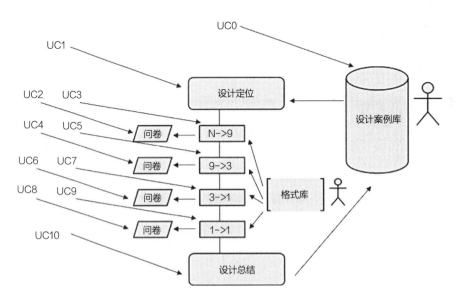

图5-3　流程管理系统的角色划分与用例规划

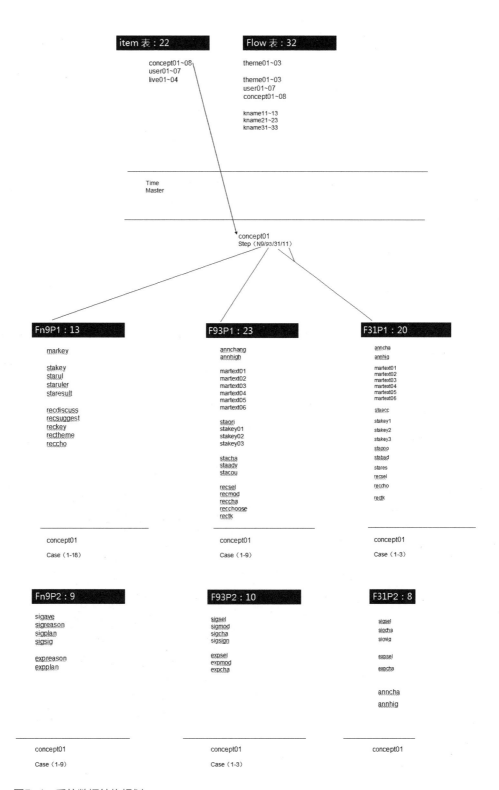

图5-4 系统数据结构规划

5.1.3 项目管理与评审界面形式

本节以项目管理与评审界面作为例子，讨论界面形式。软件界面截图如图5-5所示。

用户通过情境入口选择自己当前所处的评审情境，作为项目管理员要启动一个新的设计项目，或正处于评审现场，或在评审结束后进行项目管理，在输入用户名与密码后，用户会获得已经预置好的系统权限。

如果用户选择的情境是项目管理则会进入相应的界面中，项目管理界面通过一个上下分半的框架提供项目选择与项目操作的功能，在界面下部可以通过上下拉动列表来选择需要管理的项目，在选择项目后会横向弹出一个删除、修改、查看与激活的功能列表供用户选择操作。而在界面上半部分通过对应启动项目，进入项目初始节点，进入项目细化节点，进入项目构建节点，进入项目交付节点与项目总结这六个操作阶段的圆球形按钮，点击对应的按钮后会通过动画展开此节点所对应的操作，如输入、检查、打印、现场、回顾查看等。在界面的最上方还通过一个三栏的标签来提示用户所处的操作情境（图5-6）。

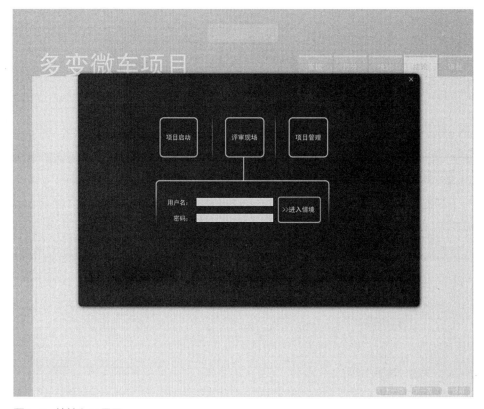

图5-5 情境入口界面

处于评审现场情境时,没有对其他项目的操作权限。一方面,通过UC文档的编写可知用户在此情景下不需要这样的权限;另一方面,防止用户在评审现场环境下的误操作(图5-7)。

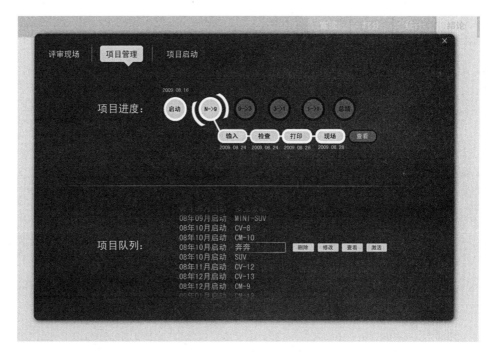

图5-6 项目管理界面

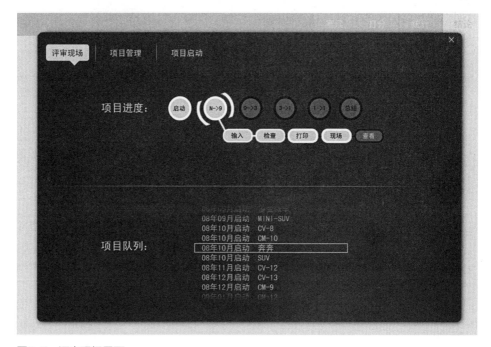

图5-7 评审现场界面

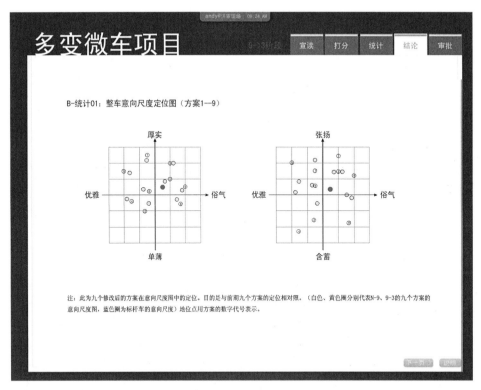

图5-8 评审界面

评审界面被隐喻为一叠带标签的纸面文档，方便用户在现场分发，统计与管理纸面表格时，对电脑界面的操作，不需要切换操作模式就能同时面对纸面媒体与计算机屏幕。另外，界面中还强调了当前项目的名称，防止忙乱串场失误，并在页面顶端标记了当前时间用登陆的当前用户名。

如图5-8所示，为评审界面截图举例。

5.2 系统实现框架

5.2.1 迭代模式与设计知识层级

现代汽车造型设计有两个显著特征：一方面，对于汽车这种复杂对象的设计，特别是在计算机辅助系统大规模的应用之后，现代设计流程的逻辑结构越来越趋向于基于迭代的模式；另一方面，设计活动越来越依赖于多学科多角色的合作互动，来实现创新与问题解决。系统需要将各领域的设计知识进行封装，用以直接操作设计造型这一最终对象。因此，系统框架对各类学科知识的兼容性成为新的课题。本章试图构建这样的框架，在其基础上建立不同的功能模块，用于实现汽车造型设计中的三类典型任务：造型风格的推理，品牌基因的传承与创新，车型类别的沿袭与跨界变异[89]。最终采用了"迭代器模式"作为系统的基本框架，如图5-9所示。

迭代器模式[91]可以按顺序访问聚合对象中的各个元素，而同时又不需要暴露该对象的内部表示。因此，无论是对于设计专门知识或者设计活动中的操作对象，迭代器模式能够为不同的聚合结构提供一个统一的接口来实现兼容性。具体到汽车造型的设计情境中，模式表现如图5-10所示。图中为迭代器模式下，车顶线的造型操作，造型特征是工件。

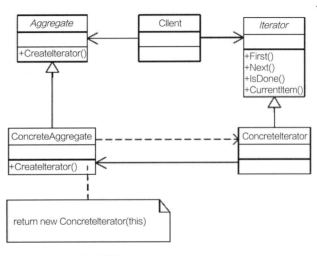

图5-9　迭代器模式[90]

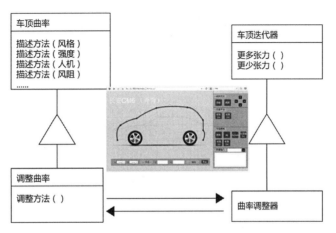

图5-10　迭代器模式下的车顶线操作

在迭代器模式中，造型设计师直接面对的是经过封装的造型语义"张力"概念，通过汽车顶线的曲率进行操作，通过迭代来形成对车身造型风格。更重要的是，工程师通过同样的操作界面可以对车身刚度、气动性、结构等共同实现优化目标。因为，各领域的知识都可以封装于"张力"的语义项。对这一语义的迭代操作，同时可以监控多领域参数的优化，从而得到一个在多领域知识下兼容的优化设计解。

如图5-11所示，为S-F-C知识结构分层，本研究在长安汽车造型设计流程抽象的基础上，进一步将设计专门知识梳理为S-F-C的三层结构。核心层为语义层（Semantic-layer），语言和语义性知识可以进行形式化表达与描述，对应领域的设计者也可以理解与操作；最外层是案例层（Case-layer），谭浩认为，可以通过获取、表征和应用实现案例知识的转化[92]。案例的表达方式包括：造型的物理描述（3D数字模型）；内部数据结构；造型设计专门知识的描述性标签。中间层为特征层（Feature-layer），既而连接底层知识的操作性与表层设计结果的层。造型特征对象可以直接被语义层的知识对象驱动与操作，同时也能在固定的结构下，组成案例对象的形式。

通过S-F-C三层设计专门知识的结构化框架，系统得以在统一的系统平台下针对不同操作人员的知识结构，来封装各设计领域的专门知识，在同一个逻辑框架内兼容各领域下的专家系统各自原有的知识参与设计活动，使其通过迭代操作输出最终的可用于生产制造的造型设计。

5.2.2 系统技术框架

本原型系统的技术框架采取actionscript2和javascript实现界面操作，后台通过javascript做通信接口、VC、fortran等语言实施具体算法，最终通过PHP操作MYSQL数据库的技术框架（图5-12）。

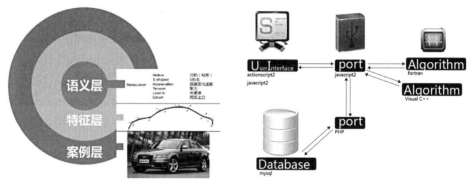

图5-11 S-F-C知识结构分层　　图5-12 技术框架图

5.2.3 系统界面框架

对本系统来说，其涉及的操作对象复杂，操作逻辑众多，因此更加需要逻辑简洁的框架结构。界面框架的基本设计策略为：尽量在一个固定的操作界面下，完成操作以免操作逻辑出现混乱。界面框架的布置也成为系统设计的一个难点，在界面规划中，首先将界面操作的时序过程横向展开为选择操作源、挑选操作方法、在操作区域观测操作，这样三个平面上，采用了如图5-13所示的S-O-W窗体结构。

在界面纵向上，将操作逻辑根据设计专门知识的S-F-C三层结构进行有序摆放，于是形成了如图5-14所示的界面框架原型。

实际上，系统的基本模块被按照汽车造型设计的主要目标来划分为三大类基本任务的实现：造型风格的推理，品牌基因的传承与创新，车型类别的沿袭与跨界变异（图5-15）。

如图5-15所示，三大模块的界面框架统一，但是根据各模块的操作重点所导致的设计过程有所区别，界面上的窗体初始尺寸分布也随之确定。在实际操作过程中，用户可以根据自己的使用习惯来拖动手柄调整各窗体的空间，实现界面的自定义。

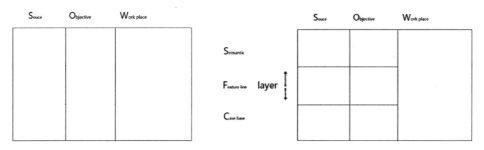

图5-13 基于操作时序横向展开的界面框架　　图5-14 界面框架全貌

图5-15 基于相同框架结构的不同模块界面设定

5.2.4 系统数据框架

系统的数据结构根据业务逻辑中涉及的知识对象来规划，业务逻辑通过用例的整理来获取，通过上述的系统框架设定，技术路线选择，界面规划以得到细化的系统数据框架（图5-16）。图中，系统数据根据风格、品牌和车型三大模块，分别组织汽车造型的设计概念、特征线数据、并与各知识领域的相关参数来进行存储。

如图5-17所示，为系统数据流框架。在用户对系统进行持续操作的过程中，案例样本集的参数中存在的各种相关性被挖掘出来，并存储到特定的数据表，然后在人工参与的机制下进行验证和整理。其中，一部分相关性关系被整理成算法，用以耦合特征线的方式，实现各领域参数的相关联动，来进行跨领域性知识的耦合；另一部分加入案例库的检索方式中，用于被动检索，并以设计案例的形式主动推送到当前设计任务。

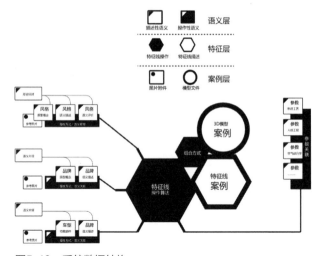

图5-16 系统数据结构

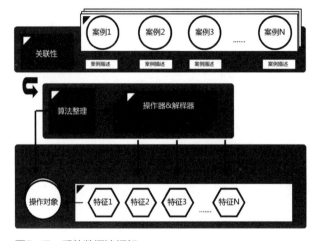

图5-17 系统数据流框架

5.3 基于风格的造型特征线推理模块

本节以基于风格的造型特征线推理（reasoning）模块为例，讨论模块构建的研究工作。

特征线推理模块的功能主要是通过对汽车造型特征线的操作来逼近造型风格的目标。而计算机辅助则是调用算法规则，通过目标造型风格打分，系统自动编辑曲线到符合语义描述的造型形式。这时，调用的可以说是生成式规则，或者说是系统实现了所谓的正向式推理。对于想更多地控制造型细节的用户而言，也可以通过再编辑曲线形态，同时系统对曲线造型的语义描述，来获得即时的反馈，从而调节出符合自己期望的造型风格；这时，调用的是解释规则，或者说通过系统的反向式推理来实现特征线与语义描述之间的联动，系统通过解释操作行为，辅助设计出符合期望的造型。

无论哪一种推理模式，模块都必须具有通过形容词描述造型风格的功能，以驱动或者解释特征曲线的形状。因此，首先要通过语义的分解，将若干个可以直接指向特征线造型操作的具象词汇聚合起来，用以合成描述目标风格的抽象语义。如图5-18所示，为抽象语义分解为多个操作语义的示意图，即特征操作语义的算法。

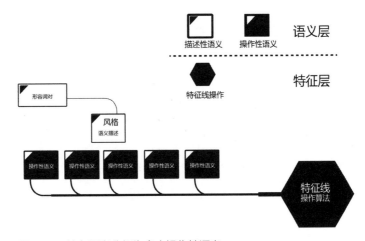

图5-18　抽象语义分解为多个操作性语义

5.3.1 特征线的特征操作语义

根据汽车造型的特征属性（3.3.1），研究建模软件的曲线编辑模块与造型分析模块，系统采用的特征线操作语义主要如图5-19所示。

操作性语义与特征线之间呈现一对多的映射关系，即特定曲线造型的操作语义

Manipulation	Hollow	凹陷（视觉）
	S-shaped	S形态
	Acceleration	弧度变化速度
	Tension	张力
	Lead in	光顺度
	Crown	局部上凸

图5-19 特征线的特征操作语义

的量表值（scale）可以是唯一确定的，但是反过来特定的操作语义的量表值对应的特征线造型，却有无限个解。换言之，在这样的工作模式下，系统只有在解释性推理时，才能得到有限解。系统在进行正向推理时，只能符合造型描述的限制性条件，或者随机列举出若干可能符合用户的合理造型，而无法穷举出所有满足条件的造型解。

首先，对典型特征线的进行风格描述语义的打分，同时获得其所对应的六个操作语义的分值，建立其造型—描述性语义—风格语义之间的映射关系。取样到一定数量的样本后，再通过插值算法来得到中间状态的映射关系，从而构建特征线的操作语义的初始模式。特征线则通过交互方式编辑，根据设计目标和目标语义，以及系统推荐的操作语义组合方式，在满足操作性语义限制的条件下，修改曲线符合用户的设计需求。

5.3.2 特征线推理模块的语义化操作

特征线推理模块实时的调用操作语义与特征线之间映射关系，无需用户参与交互。对用户而言，特征线推理模块的操作本质上就是，通过语义对象的操作，来调整和编辑特征线对象，并通过观察语义对象的变化来获得有效反馈。而语义对象的操作本质上，如图5-18所示的操作语义聚合成描述性语义，或者是其逆过程（描述性语义分解为若干操作性语义），例如，运动感分解为多个特征操作语义。值得注意的是，当设计师组织设计概念时，总会有意无意地采用一些具体词汇（如运动感），以标注当前的造型概念。这类似于物理学中的表面张力现象，通过最小的表面积包裹最大内容，如水滴外形（图5-20）。而设计推理总是试图以某种方式打破这种表面张力，形成概念的新组织形式，将其分解为更小的颗粒，类似微风摇动荷叶，将大的水珠打散。然后，又聚合形成新的大水珠，一个"稳定"的新水珠。

借用这种表面张力的意象，研究采用如图5-21所示的特征操作语义交互界面。考虑具体的交互操作所需要的各种元素与交互动画效果，形成界面原型。如图5-19所示，一个抽象语义"运动感"被分解为包括弧度变化速度、张力、光顺和局部凸起四个特征操作语义，分别具有不同的算法和特征映射关系（图中的数值）。

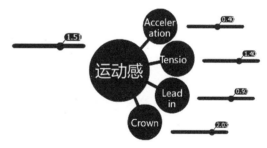

图5-20 自然界的表面张力现象（图片来自网络）

图5-21 特征操作语义的操作器

系统预设给用户的默认操作方式为，选择了一个风格性的描述语义（运动感）后，系统自动搭配出4个相对比较重要的操作性语义，分解风格描述语义为特征操作语义。调整某一项特征操作语义，曲线会随之发生变化，同时影响到其他3项操作性语义的联动，实现了对造型风格的驱动。

5.3.3 特征与操作语义的映射关系获取实验

特征与操作语义的映射关系是构建特征操作语义操作器的算法基础，也是造型特征推理的基础。研究采用的映射关系获取实验方法，包括开发一个数据采集和分析模块，通过数组的方式描述特征线关键点的坐标值。该模块可以调整曲线造型并实时记录显示曲线的特征点坐标值，同时实验人也可以拖动语义操作器上的手柄，来表示当前自己所理解的操作性语义打分（图5-22）。

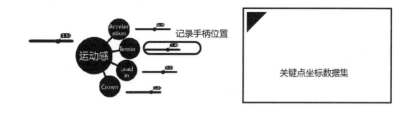

图5-22 映射关系获取模块示意图

实验选取某轻型卡车顶部造型作为样本，造型描述词为"运动感"（项目设计目标之一）。被试者为有一定汽车造型经验（2~5年汽车造型设计经验），人数为30人。被试通过11个汽车顶部侧面曲线的编辑点编辑造型，同时对特征操作语义打分，并要求其通过截图与草图标识的方式记录曲线编辑，以及随着操作性语义的变化曲线关键点所对应的变化趋势。

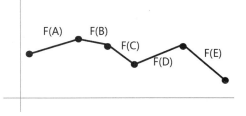

图5-23 映射曲线的拟合方式

映射关系获取模块记录下实验中特征线关键点坐标集与语义打分。这里，映射关系的原始数据为：造型描述语义、特征操作语义和特征曲线编辑信息之间的关联关系。由于本次映射关系统计的主要目标是，获得一个基本的系统初始化数据，满足后续的系统模块开发和调试，数据的采集样本量与可信度验证都限于原型开发的基本要求。基于6个节点的数据所表示的关联关系，造型特征按5段一次函数线段拟合，如图5-23所示，为其映射曲线的拟合方式。

实验采用acceleration、tension、lead in和crown四个特征操作语义，实验数据录入到数据库中，得到了可以演示运行的造型风格的特征线推理模块（图5-24）。当然，该模块的初始化数据还需要在更大的样本群上进行数据采样，才能支撑实际的汽车造型设计课题。因此，一次函数拟合曲线的算法整理显得效率较低，后续将会采用神经网络算法处理复杂的这类数据。

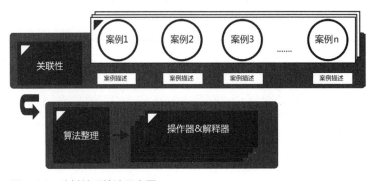

图5-24 映射关系算法示意图

5.3.4 特征线推理模块的界面细化与功能扩充

根据界面框架设定（5.2.3），界面实现框架如图5-25所示。

界面操作从左上方的"语义池"开始,用户选择一个目标风格形容词后,软件开始启动中上方的语义操作器,根据所选形容词分解出相应的4个特征操作语义,并弹出手柄供用户操作。用户拖动手柄可以驱动风格形容词的参数变化,同时界面右方提供3个随动的特征线造型。用户选择某一特征线造型后,可以在界面中部的特征线操作区拖动控制点进行编辑,同时观察各特征操作语义反馈的数据(量表值)。任意改变特征线或特征操作语义,都会触发界面左下方的案例区动态刷新,随时推送关联风格的案例。用户可以点击案例,将案例的正投影面的轮廓叠加到界面中部的特征线操作区的背景中,作为特征线编辑的参考(图5-26)。

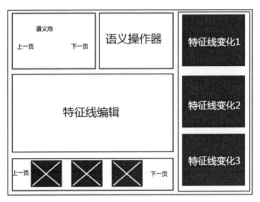
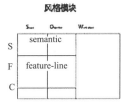

图5-25　界面实现框架

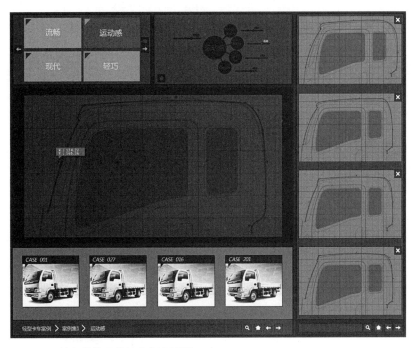

图5-26　特征线推理模块高保真原型

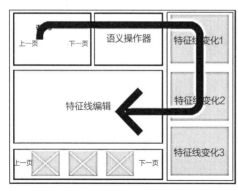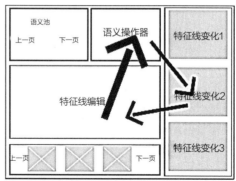

图5-27　造型设计与编辑的不同任务流

用户可以根据系统预设交互路径，从左上方开始选择一个风格形容词，开始新的设计，也可以在其他模块中，打开一个案例以后直接从特征线编辑区开始进行造型修改的任务（图5-27）。

特征线编辑区域源代码片段见附录H，特征线变化集区域源代码片段见附录I。

5.4　品牌导向的造型特征推理模块

本节以品牌导向的造型特征推理模块为例，用以说明模块构建的研究工作。

品牌导向的造型特征推理模块是指，通过所谓"混合器"，对一个或多个具有品牌基因的造型特征进行推理和生成，产生新的造型设计概念。语义关联的品牌特征检索模块示意，如图5-28所示。

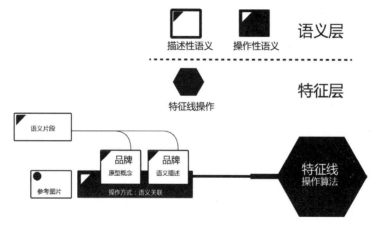

图5-28　语义关联的品牌特征检索模块示意图

任何品牌战略都类似树根在土壤中生长以吸收养分的现象（图5-29）：一方面，会向外扩张，将根须分布到尽可能大的范围；另一方面，根须会逐渐产生分支，细分已占据的空间。品牌形成的内在组织形式，类似于树根生长的扩张／细分模式（图5-30）。

考虑具体的交互操作所需的各种元素与交互动画效果的实现方式，研究以中国重汽品牌产品为数据，构建了品牌案例器（图5-31）。

根据系统框架的规划，本模块最重要的区域为右边工作区的选择器与左下方的案例浏览模块，以及中部的特征线与左上部的语义池，左中部的语义分解窗体对应案例浏览模块在不同层面上浏览（图5-32）。

界面从右边的选择器开始操作，通过拉动年代滑块可以快速高亮某一年代的全部车型，或者根据分支去搜索某一车型平台下的车型，通过平台与年代两条品牌发展线索，可以直观快速地查找到造型案例。选中某款案例后，能够在左下方的案例浏览模

图5-29　品牌辐射状扩张的视觉化表达（图片来自网络）

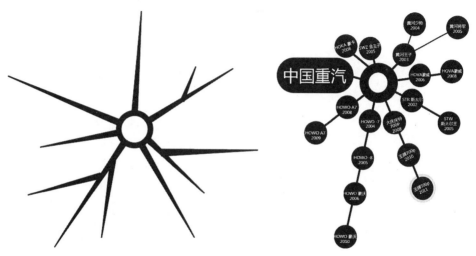

图5-30　品牌产品辐射的可视化　　　　　　图5-31　品牌案例器

块中，查看该案例的信息，也可以通过特征线窗口切换，查看车身案例中的造型特征，并与当前设计的车型进行对比（图5-33）。亦可通过上部的语义池，查看该款车型相关的风格语义描述，或者通过中上部的语义分解模块，查看更底层的特征操作语义的属性值。

当用户点击特征线比较窗口左下角的三角按钮后，特征线窗口会扩大占用到之前案例浏览模块的空间，选择器窗口下部出现混合器元件。用户选定两个混合源后，可以拖动混合器上的拉杆，使得特征线窗口里的线条同时混合两个源造型的风格。并通过拉杆的位置，来决定输出造型的年代或者调整两个品牌车型的特征混合比例。在该

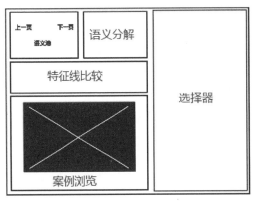

图5-32　界面实现框架

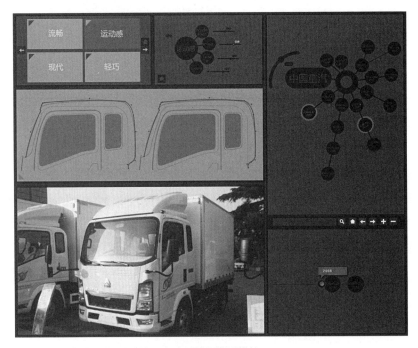

图5-33　浏览模式下的品牌导向造型特征推理模块

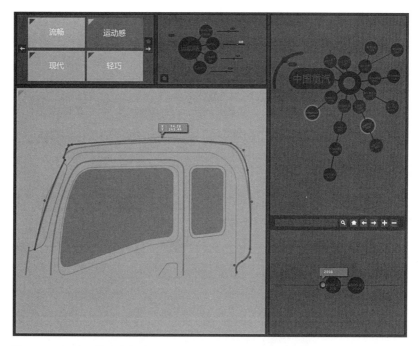

图5-34 混合器模块高保真原型

功能模块中,目标节点拖向两个现有节点之后,能够生成对品牌延续的新概念造型;拖向两个现有节点之前,能够推理出品牌的创新性复古造型;而在两个现有节点之间的混合结果,能产生新的造型分支(图5-34)。本模块混合器代码片段见附录J。

5.5 车型导向的造型特征跨界推理模块

跨界推理是不同车型(如轿车与越野车)之间的跨界设计,造型跨界也是一种进化和变异的设计方法。本节以车型导向的造型特征跨界推理模块为例,讨论模块构建的研究工作,如图5-35所示,为语义关联的车型分类示意图,例如SUV车型的参数和语义定义。

汽车车型类别的组织方式类似于聚合与辐射的混合体:一方面,各种车型之间存在聚类关系,共同组成了一个大的车型类别;另一方面,由于车型平台的关系,又存在各种新类别,如图5-36所示。

每一类别的车型都存在自己的"原型"或经典车型,跨界是指车型原型的跨界。考虑具体的交互操作所需要的各种元素与交互动画效果的实现方式之后,车型类别器如图5-37所示。

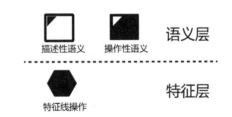

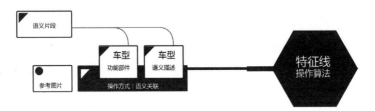

图5-35 语义关联的车型分类示意图

图5-36 聚合与辐射的两类原型

图5-37 车型类别器

根据系统框架的规划，本模块最重要的区域为右边工作区与左下方的选择器，中部的特征线为跨界特征的特征线变化。上部的语义池与语义分解模块显示所选车型的语义描述（图5-38）。

用户在下方选择器框体中，通过类别与类别典型性（越往外发散典型性越明显）来选择车型，通过单击车型将所选车型加入进化种群。点击右侧打分表下部的开始按钮，开始车型跨界的进化计算。每一代进化，通过人工打分控制进化方向，最终得到满意的结果，并可以在特征线模块中进行造型微调，然后选择保存或者输出（图5-39）。

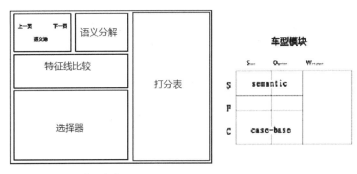

图5-38 界面实现框架

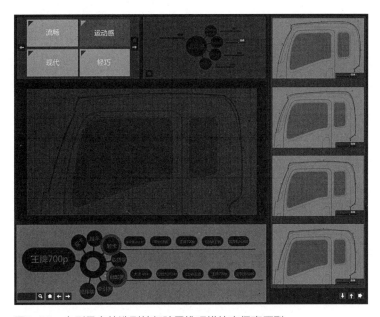

图5-39 车型导向的造型特征跨界推理模块高保真原型

5.6 小结

本章通过设计流程框架和系统实现框架探讨了原型系统构建的基本研究成果,并且通过基于风格的造型特征推理、品牌导向的造型特征推理和车型导向的造型特征推理三个模块的研究,将系统构建的功能模块具体化。研究提出了,以语义—特征—案例的三层知识结构为基础,将传统设计流程和数字化设计流程进行所谓"同质化"处理,力图保持设计师的设计体验和创意方式,降低系统操作的复杂程度,方便不同知识背景的人员在共同的框架下合作完成设计任务。原型系统通过基于视觉思维和语义联想模块组织设计活动,交互形式始终以语义与图形为基本操作对象,形成了完整的设计流程、清晰的结构逻辑、简单的界面操作。整体原型系统结构,如图5-40所示。

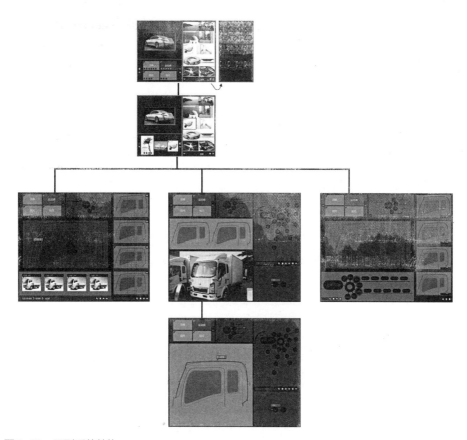

图5-40 原型系统结构

参考文献

[1] 赵江洪. 设计艺术的含义[M]. 第2版. 长沙：湖南大学出版社，2005.

[2] 威廉·荷加斯. 美的分析[M]. 杨成寅译. 桂林：广西师范大学出版社，2005.

[3] 赵江洪. 设计研究和设计方法论研究四十年[J]. 设计史研究，2007.

[4] 何人可. 工业设计史[M]. 第2版. 北京：北京理工大学出版社，2000.

[5] 谢友柏. 现代设计理论和方法的研究[J]. 机械工程学报，2004，40（4）：1-9.

[6] NigelCross. DesignResearch: A DisciplinedConversation[J]. DesignIssues, 1999, 15（2）: 5-10.

[7] Oxman R. Theory and design in the first digital age[J]. Design Studies, 2006, 27（3）: 230.

[8] DavidH. Jonassen. Toward a DesignTheory of Problem Solving[J]. ETR&D, 2000, 48（4）: 63-85.

[9] H Tan, J H Zhao. Knowledge-Based Design Innovation:A method to Generate New Knowledge in Design.Proceeding of 7th Generative Art Conference GA2004, Italy, 2004.

[10] Hao Tan, JianHong Zhao, Wei Wang.Scenario-based Design Knowledge Acquiring and Application in Collaborative Product Design.Proceedings 2006 10th International Conference on Computer Supported Cooperative Work in Design, Nanjing, 2006.

[11] Alexander C. The state of the art in design methods[M]. DMG Newsletter, 1971, 5（3）: 3-7.

[12] [美]诺曼. 设计心理学[M]. 北京：中信出版社，2010.

[13] 刘延勃，张弓长. 哲学辞典[M]. 长春：吉林人民出版社，1983.

[14] 谢友柏. 现代设计理论和方法的研究[J]. 机械工程学报，2004，40（4）：1-9.

[15] 郑人杰. 实用软件工程[M]. 北京：清华大学出版社，2001.

[16] Design Patterns: Elements of Reusable Object-Oriented Software. Addison Wesly Longman.Inc[M], 1995.

[17] Suh N P.T principles of design. New York[M]. Oxford, 1990.

[18] 王巍. 汽车造型的领域知识描述与应用[J], 2008.

[19] 谢友柏. 现代设计与知识获取[J]. 中国机械工程，1996，36-41.

[20] 赵扬，孙宏祝. 对未来新型装备研制的理论思考[J]. 国防科技，2009，（5）：41-46.

[21] 第15届CIRP国际设计论坛[J]. 国际学术动态, 2006, (4): 22-23.

[22] 王江春, 林宣雄. Project Management在软件开发中的应用案例[J]. 计算机系统应用, 2000, (7).

[23] 车兰秀. 项目的冲突管理[J].中国管理信息化, 2010, (11): 97-99.

[24] Gruber, T. R., "Toward Principles for the Design of Ontologies Used for Knowledge Sharing" [J]. International Journal Human-Computer Studies, 1995, 43 (5-6): 907-928.

[25] 秦炜. 协作学习过程中的知识积累与共享[J]. 计算机集成制造系统-CIMS, 2003, 9: 33-37.

[26] 赵江洪, 谭浩, 谭征宇. 汽车造型设计：理论、研究与应用[M]. 北京：北京理工大学出版社, 2010.

[27] M·泰尔斯. 科学与世界[M]. 哲学译丛, 1992.06: 7-17.

[28] 刘桦, 杨随先. 计算机辅助工业设计系统体系结构研究[M]. 机械设计, 2005, 04.

[29] 王仁强. 论异化与归化的连续体关系[J]. 现代外语, 2004, 02: 49-106.

[30] 杨建丽, 张冬. 文化冲突的哲学理据及化解理路[J]. 求索, 2009, (9): 103-105.

[31] Ferraro G. Cultural Anthropology: An Applied Perspective (2ed) [M], 1995.

[32] Helga Marburger. Effectiveness in multicultural Teams[J]. Science Research Management, 2004, 140-144.

[33] 杨红. 目标驱动的复杂信息系统开发方法研究[J]. 计算机工程与设计, 2006, 18: 3367-3372.

[34] Tetsuo Tomiyama. Collaborative Product Development in Ill-Structured Problem Domains. In: Proceedings of CSCWD2006[J]. US: IEEE Press, 2006, 306-311.

[35] Lai-Chung Lee, Whei-Jane Wei. A Case Study on Scenario Approach in Taipei-Beijing Collaborative Design through Computer-Mediated Communication[J]. In: Proceedings of CSCWD2006. US: IEEE Press, 2006, 403-407.

[36] 赵树智, 张富国, 何发成编. 系统科学概论[M]. 吉林：吉林大学出版社, 1990.

[37] 叶朗. 中国美学史大纲. 上海：上海人民出版社[M], 1995.

[38] 贡布里希. 艺术发展史——"艺术的故事"[M]. 北京：三联书店, 1999.

[39] 周振甫. 文心雕龙注释[M]. 北京：人民文学出版社，1981.

[40] 卞孝萱. 郑板桥全集[M]. 济南：齐鲁书社，1985.

[41] 荣格. 心理类型[M]. 吴康译. 上海：上海三联书店，2009.

[42] 何克抗. 创造性思维理论-DC模型的建构与论证[M]. 北京：北京师范大学出版社，2001.

[43] Hugues, DJ. A brief methodological guide to scenario building[J]. Technological Forecasting and Social Change, 2000, 65（1）：37-48.

[44] 姜耕玉. 论诗歌中的联觉意象[J]. 文艺理论研究，1992,（1）：50.

[45] 遍照金刚. 文镜秘府论. 南卷. 本文意[M]. 北京：人民文学出版社，1980.

[46] 王云五. 山静居画论[M]. 北京：商务印书馆，1935.

[47] Allan Paivio: Mental Representations: A Dual Coding Approach. New York: Oxford University Press, 1986, 53.

[48] 于伟. 雕塑创作中形式语言综合表现的探索[J]. 大连：大连理工大学，2012.

[49] （清）吴梅鼎. 阳羡茗壶赋.

[50] 赵艳芳. 认知语言学概论[M]. 上海：上海外语教育出版，2001.

[51] Osgood, C.E., Suci, G., & Tannenbaum, P. The measurement of meaning. Urbana, IL: University of Illinois Press, 1957.

[52] 朱毅. 汽车造型语义研究与设计流程构建[D]. 长沙：湖南大学，2009.

[53] 陶然，萧良，岳中，张志东. 现代汉语形容词辞典[M]. 北京：中国国际广播出版社，1995.

[54] 张庆云，张志毅. 反义词大词典[M]. 上海：上海辞书出版社，2009.

[55] 张国宪. 性质形容词重论[M]. 世界汉语教学，2006.01：5-18.

[56] 朱毅. 汽车造型语义研究与设计流程构建[D]. 长沙：湖南大学，2009.

[57] CheutetV, CatalanoCE, PernotJP.3D sketching for aesthetic design using fully free-form deformation features[J]. Computersand Graphics, 2005, 29（6）：916-930.

[58] ChanCS.Exploring individual style in design[J]. Envi ronment and Planning B: Planning and Design, 1992, 19（5）：503-523.

[59] 赵丹华，赵江洪. 汽车造型特征与特征线[J]. 包装工程，2007, 28（3）：115-117.

[60] CrillYN, MoultrieJP, ClarksonJ. Seeingthings: consumer response to the visual domainin product design[J]. Design Studies, 2004, 25（6）：547-577.

[61] 王贞，谭征宇. 基于整体性认知的汽车造型特征研究[J]. 包装工程,2013,（24）.

[62] 赵丹华. 汽车造型特征的知识获取与表征[D]. 长沙：湖南大学，2007.

[63] 胡程超. 基于数字主导的汽车造型设计技术研究及流程构建[D]. 长沙：湖南大学，2010.

[64] 景春晖，赵江洪. 基于进化思想的汽车造型优化设计方法研究[J]. 中国机械工程 ISTIC PKU，2014，(11).

[65] 景春晖，赵江洪. 基于进化思想的汽车造型优化设计方法研究[J]. 中国机械工程 ISTIC PKU，2014，(11).

[66] 张文泉. 汽车品牌"造型基因"研究[D]. 长沙：湖南大学，2007.

[67] McCormack J P, Cagan J, Vogel C M.Speaking the Buick Language：Capturing, Understanding, and Exploring Brand Identity with Shape Grammars [J]. Design Studies, 2004, 25（1）：1-29.

[68] Gerd Podehl.Terms and Measures for Styling Properties[J]. INTERNATIONAL DESIGN CONFERENCE – DESIGN, 2002.

[69] 谭浩. 基于案例的产品造型设计情境知识模型构建与应用：[湖南大学博士学位本文]. 长沙：湖南大学汽车车身先进设计制造国家重点实验室，2007，II-III.

[70] John H. Holland Adaptation in Natural and Artificial Systems, A Bradford Book, 1992.

[71] Gerd Podehl. Terms and Measures for Styling Properties[J]. INTERNATIONAL DESIGN CONFERENCE – DESIGN, 2002.

[72] 张秀玲，董波，姜云鹏，等. 无意识信息加工中的"完型"——无意识捆绑假说的新证据[J]. 心理学报，2012，44（12）：1563-1570.

[73] 张文泉. 辨物居方，明分使群——汽车造型品牌基因表征、遗传和变异：[湖南大学博士学位本文]. 湖南：湖南大学汽车车身先进设计制造国家重点实验室，2012，120-122.

[74] Jay Fields, Shane Harvie, Martin Fowler. 重构（Ruby版）[M]. 北京：机械工业出版社，2010.

[75] 范中志. 工作研究现代科学管理技术[M]. 广州：华南理工大学出版社，1990.

[76] 王璞，曹叠峰. 流程再造[M]. 北京：中信出版社，2005.

[77] 芒德尔（Mundel, M.E.）. 叶瑞昌译. 动作与时间研究[M]. 北京：五南图书出版公司，1984.

[78] Ivar Jacobson. 韩柯译. 软件复用结构、过程和组织[M]. 北京：机械工业出版社，2003.

[79] Ivar Jacobson, Magnus Christensen. Object-oriented Software Enginee-ring：A Use Case Approach[M]. Addison-wesley Educational

Publishers Inc, 1992, 24.

[80] Rational Unified Process white paper [EB/OL]. http://www.ibm.com/developerworks/rational/library/content/03July/1000/1251/1251_bestpractices_TP026B.pdf.

[81] 孙维, 张孙炜. 语义的分类及其类型[J]. 语言文字应用, 1998, (3): 89-93.

[82] 谭浩. 基于案例的产品造型设计情境知识模型构建与应用: [湖南大学博士学位本文]. 长沙: 湖南大学汽车车身先进设计制造国家重点实验室, 2007, II-III.

[83] 郑浩. 浅析产品概念草图的多义[J]. 艺术与设计（理论）, 2007（06）: 93-95.

[84] Rob Golding. Mini: 50 Years. Motorbooks International, 2007, (10): 16.

[85] Rob Golding. Mini: 50 Years. Motorbooks International, 2007, (10): 16.

[86] 王巍. 汽车造型的领域知识描述与应用: [湖南大学博士学位本文]. 长沙: 湖南大学汽车车身先进设计制造国家重点实验室, 2008.

[87] Wenenquan Zhang, Jianghong Zhao, Fangzhen Zou. Semantic analysis of Chinese adjectives: a new approach to mapping the form-based metaphors in automobile styling. In: Design/Rigor & Relevance. IASDR, Seoul, Korea, 2009, 59-60.

[88] Wenenquan Zhang, Jianghong Zhao, Fangzhen Zou. Semantic analysis of Chinese adjectives: a new approach to mapping the form-based metaphors in automobile styling. In: Design/ Rigor & Relevance. IASDR, Seoul, Korea, 2009, 59-60.

[89] 张文泉. 辨物居方，明分使群——汽车造型品牌基因表征、遗传和变异[J]. 北京: 北京理工大学出版社, 2012.

[90] Erich Gamma, Richard Helm, Ralph Johnson, et al. Design Patterns: Elements of Reusable Object-Oriented Software[M]. Addison Wesley, 1994, 20-24.

[91] Flores A, Reynoso L, Moore R. FME 2001: Formal Methods for Increasing Software Productivity[M]. Springer Berlin Heidelberg, 2001, 223-241.

[92] 谭浩. 基于案例的产品造型设计情境知识模型构建与应用: [湖南大学博士学位本文]. 长沙: 湖南大学汽车车身先进设计制造国家重点实验室, 2007, II-III.

附录1 攻读学位期间所发表的学术论文目录

[1]   第一作者. 立象以尽意——论现代汽车造型的意象塑造与加工. 装饰, 2010, 12: 88-89.

[2]   第一作者. 汽车造型设计评价流程与评审系统. 艺术与设计（理论）, 2013, 08: 113-116.

[3]   第三作者. Semantic analysis of Chinese adjectives: a new approach to mapping the form-based metaphors in automobile styling. In: Design/Rigor & Relevance. IASDR, Seoul, Korea, 2009: 59-60.

[4]   第三作者. A Feature-Line-Based Descriptive Model of Automobile Styling and Application in Auto-design. In: CAD. IASDR, Seoul, Korea, 2009: 2503-2512.

附录2　攻读学位期间所完成的主要科研项目

[1] 国家重点基础研究发展973计划项目：《现代设计大型应用软件的共性基础（项目编号：2004CB719400）》的子课题《工业（造型）设计专门知识辅助设计系统》（课题编号：2004CB719401）（2005 -2009）本人为子课题主研人员。研究内容包括：汽车造型知识的领域概念模型研究，以及知识抽取、案例知识库构建、特征进化和原型系统实现等工作。并提出了产品基因作为研究汽车造型与汽车品牌设计的基本要素的设想。

[2] 国家重点基础研究发展973计划项目：《现代设计大型应用软件的可信性研究》（项目编号：2010CB32800）的子课题《复杂产品数据模型结构精度可控性理论和方法研究》（课题编号：2010CB328001），（2010-2015）。本人为子课题主研人员。研究内容包括：汽车造型专门知识获取、表达；设计情境知识框架模型及案例情境模块；复合情境驱动的汽车工业设计系统研究；基于设计时序关系和逻辑关系的设计迭代求精；领域任务模型和设计数据流的一致性等。在研究中，提出了汽车品牌意象是维护和发展连贯一致的强势品牌的基础，是汽车制造商的战略性需求。汽车品牌是973项目研究的重要内容和科学问题之一。

[3] 国家863项目：《基于案例的工业设计技术与辅助设计系统及应用研究》（课题编号：2004AA424530）。（2004-2005）本人为课题主研人员。研究内容包括：案例知识获取与表达、案例检索、案例重用和案例修改等功能模块等。研究基于案例推理的思想和方法完成了计算机辅助工业设计系统开发和应用。

[4] 作为造型设计人员参与设计了中气行政车，中气C级车样车参加了2008年北京国际汽车展。

[5] 作为主研人员参与、组织了《长安汽车造型设计与评审流程研究》项目的研究，调研、整理、优化重庆长安公司的汽车造型与评审流程（国内部），并完成了项目成果《基于评价节点的汽车造型过程规范》与对应的设计流程辅助系统。

[6] 作为系统开发人员设计了《长安A级车项目》中的车型进化计算模块，组织开展了基于进化计算的设计流程与相关研究工作。

[7] 作为设计研究人员参与了中国重汽HOWO轻卡设计项目，开发相应的设计辅助模块；该车型于2012年3月在济南商丘总装下线，并已投放市场。

（以上只列举了与本文有关的科研项目）

附录3　部分结构化意象看板

附录3　部分结构化意象看板

附录4 形容词判定方法

句槽1 基本语法句槽

1.{最-很-比较-稍} + _____

```
                    典型性质形容词          全部适用
句槽1 —分类→   贴近性质、贴近状态形容词   部分适用
                    典型状态形容词          全部不适用
```

句槽2 弹性语法句槽

2.NP₁ + "比" + NP₂ + _____

填入句槽后不需要（更）；则判定为典型性质形容词

```
                    典型性质形容词 ——→ 完全适用：瘦死的骆驼比马大 ——→
句槽1 —分类→   贴近性质、贴近状态形容词
                    典型状态形容词          完全不适用：南方面粉比北方的雪白
```

句槽3 框架构成语法句槽

3. _____ 定 + "的" + NP 中

在框架中必须加入"的"。否则语法不成立，则判定为典型状态形容词

典型状态形容词 —确定→ 句槽3 —标记→
　　　　　　　　宽阔的街道
　　　　　　　　雪白的街道

附录5 形容词调研问卷

企业组问卷

1. 请先整体浏览下列词对，然后从下面的119个词对中选择出12-20个你认为最合适于汽车的形容词。

答题示范： ☑严谨—松散

☐严谨—松散	☐单薄—厚实	☐朦胧—明亮	☐高大—瘦小	☐大—小	☐饱满—干瘪
☐贴切—牵强	☐陡峭—平缓	☐光亮—黑暗	☐明朗—昏暗	☐友好—敌对	☐天然—人工
☐破碎—完整	☐偏—正	☐开朗—沉郁	☐刚强—柔弱	☐紧张—缓和	☐硬朗—软弱
☐粗鲁—斯文	☐和平—暴力	☐扎实—漂浮	☐暴虐—仁慈	☐危险—安全	☐牢固—薄弱
☐乱—治	☐轻快—沉重	☐蒙昧—文明	☐狰狞—和善	☐直—曲	☐远—近
☐富余—缺少	☐凌乱—整齐	☐歪斜—端正	☐铺张—节约	☐呆板—灵活	☐孤僻—随和
☐尖锐—迟钝	☐从容—仓促	☐平常—异常	☐正式—暂行	☐保守—开放	☐革新—复旧
☐落后—发达	☐高明—低劣	☐成熟—幼稚	☐高档—低档	☐繁琐—节约	☐巧—拙
☐协调—失调	☐现实—空想	☐少—多	☐精确—粗略	☐片面—全面	☐密—疏
☐好—坏	☐黑暗—光明	☐凶—吉	☐阴—阳	☐弯—直	☐粗糙—光滑
☐深奥—浅显	☐短浅—远大	☐轻蔑—尊敬	☐精美—粗疏	☐笨—灵	☐刺眼—顺眼
☐丑—美	☐寻常—奇特	☐杰出—平凡	☐愚笨—聪明	☐紧—松	☐急—慢
☐静—动	☐统一—对立	☐激烈—和缓	☐积极—消极	☐大方—腼腆	☐冷—暖
☐复杂—简单	☐干脆—犹豫	☐执拗—随和	☐谨慎—冒失	☐粗犷—精细	☐晦涩—明快
☐慌乱—镇定	☐具体—抽象	☐肤浅—精深	☐懦怯—勇敢	☐含蓄—露骨	☐刻薄—宽厚
☐剧烈—平和	☐淡薄—浓厚	☐充实—空洞	☐冷淡—热闹	☐素雅—艳丽	☐清淡—浓郁
☐浑浊—明澈	☐磨蹭—麻利	☐繁华—萧条	☐强烈—柔和	☐细微—显著	☐肮脏—纯洁
☐详尽—简括	☐理性—感性	☐虚假—真实	☐耐心—急躁	☐雅致—俗气	☐高洁—卑污
☐高傲—谦逊	☐寒酸—富贵	☐华丽—朴素	☐卑贱—显赫	☐简朴—奢侈	☐丑陋—秀丽
☐流畅—别扭	☐快—慢	☐软—硬	☐轻便—笨重	☐伶俐—笨拙	☐快活—忧愁
☐严肃—活泼	☐老实—顽皮	☐狡猾—忠厚	☐懒惰—勤奋	☐拘泥—灵活	☐含糊—确切
☐乏味—隽永	☐长—短	☐开阔—狭窄			

第二部分：填空题

2.请从上面选出 3-5 个您认为包含长安公司文化的形容词对填写在下面
_____/_____/_____/_____/_____。

3.请从上面选出 3-5 个您认为最能反映长安产品特色的形容词对填写在下面
_____/_____/_____/_____/_____。

4.请从上面选出 3-5 个您认为最能适合目前中国市场需求的形容词填写在下面
_____/_____/_____/_____/_____。

5. 如果您认为除了上面108个词对还有什么遗漏的形容词，请填写在下面：
_____
_____
_____

高校组问卷

*填写时间 2008.5.23 *你的性别 男__ 女 ✓
*年级 四 *你的专业 工业设计
*此部分内容必须填写

第一部分：选择题

1. 请先整体浏览下列词对，然后从下面的 129 个词对中选择出 12-20 个你认为最合适于汽车的形容词。

答题示范：☑ 严谨—松散

☑ 严谨—松散　□ 朴素—厚实　□ 朦胧—明亮　□ 泉大—搜小　□ 大—小　□ 饱满—干瘪
□ 贴切—牵强　☑ 低端—平级　□ 光亮—黑暗　□ 明朗—昏暗　□ 友好—敌对　□ 天然—人工
□ 破碎—完整　□ 偏—正　□ 开朗—沉郁　□ 刚强—柔弱　□ 紧张—缓和　□ 硬朗—软弱
□ 粗鲁—斯文　□ 和平—暴力　□ 扎实—疏松　□ 暴虐—仁慈　□ 危险—安全　□ 年轻—厚实
□ 乱—治　□ 轻快—沉重　□ 蒙昧—文明　□ 弊塞—和善　□ 直—曲　□ 远—近
□ 富余—缺少　□ 波乱—整齐　□ 歪斜—端正　□ 铺张—节约　☑ 呆板—灵活　□ 洒脱—随和
□ 实板—挖板　□ 从容—仓促　□ 平常—异常　□ 高档—低档　□ 保守—开放　□ 革新—守旧
□ 落后—发达　□ 高明—低劣　□ 成熟—幼稚　☑ 高档—低档　□ 繁琐—节约　□ 巧—拙
□ 协调—失调　□ 现实—空想　□ 少—多　□ 精略—粗略　□ 片面—全面　□ 密—疏
□ 好—坏　□ 聪明—无明　□ 轻薄—厚重　□ 精英—粗魂　□ 弯—直　□ 粗俗—耀眼
□ 深奥—浅显　□ 短浅—远大　□ 轻薄—庄重　□ 精英—粗魂　□ 笨—灵　□ 刺眼—顺眼
□ 丑—美　□ 非常—奇特　☑ 杰出—平凡　□ 愚笨—聪明　□ 紧—松　□ 急—慢
☑ 静—动　□ 统一—对立　□ 激烈—和缓　□ 积极—消极　□ 大方—拘谨　□ 冷—暖
□ 复杂—简单　□ 干脆—犹豫　□ 执拗—随和　□ 俱佳—百失　□ 粗犷—精细　□ 畅迟—明快
□ 惊乱—镇定　□ 具体—抽象　□ 肤浅—精深　□ 愠怯—勇敢　□ 含蓄—露骨　□ 刻薄—宽厚
□ 剧烈—平和　□ 波澜—稳厚　□ 充实—空洞　□ 冷淡—热情　□ 紧张—艳丽　□ 清淡—浓郁
□ 厚道—奸猾　□ 暧昧—犀利　□ 繁华—萧条　☑ 强烈—柔和　□ 细微—显著　□ 肮脏—纯洁
□ 详尽—简括　□ 理性—感性　□ 虚假—真实　□ 称心—忐忑　□ 雅致—俗气　□ 高冷—早开
□ 高敬—谦逊　□ 穷酸—富贵　□ 华丽—朴素　□ 卑贱—显赫　□ 简朴—奢侈　□ 刀扑—秀面
□ 虚幻—现实　□ 快—锐　□ 软—硬　☑ 低俗—高雅　□ 侍俐—笨拙　□ 快捷—优雅
□ 严酷—活泼　□ 老实—厚道　□ 狡猾—忠厚　□ 懒情—勤奋　□ 拘泥—灵活　□ 含糊—明朗
☑ 乏味—有水　☑ 长—短　□ 开阔—狭窄

第二部分：填空题

2. 请从上面选出 3-5 个您认为最能反映长安产品特色的形容词对填写在下面
呆板—灵活, 乏味—有水, 低端—平级, 强烈—柔和, 低俗—高雅

3. 请从上面选出 3-5 个您认为最能适合目前中国市场需求的形容词填写在下面
呆板—灵活, 低端—平级, 强烈—柔和, 杰出—平凡, 低俗—高雅

4. 如果您认为除了上面 129 词对还有什么遗漏的形容词，请填写在下面：
_____
_____

附录6　汽车造型设计评审表

A-输入06： 设计师自选形容词及方案描述（方案1-5）

项目\方案	设计师自选形容词	方案描述
①	饱满、圆润	品牌 Brand：　这款车探讨的更多的是延续性的东西。 车型 Portfolio：它是SUV这种类型与轿车和越野车的结合。 风格 Style：　实际上它的前脸走的是流线，很流线的这种状态，追求的是速度，而后部，保证了这种车型头部的内部空间。 大创意 Big idea：它也是一种多车型多功能的一种结合。
②		
③		
④		
⑤		

注：自选形容词是设计师对其设计方案整体或方案亮点的概括，可以是一个或者两个，且自选形容词最好是选自所提供的30对形容词。
　　方案描述从品牌、车型、风格及大创意四个角度来说明。

项目\方案	设计定位符合度				意向尺度图空间分布讨论
	品牌形象	特征	风格	其他	
①	1.符合品牌形象 2.太可爱，不符合形象定位	1.前灯太过锋利 2.进气格栅小	太保守，可以再偏运动些	比例不协调	
②					
③					
④					
⑤					

注：依据设计定位和意向尺度图来进行讨论。

附录6　汽车造型设计评审表

A-打分01：整车及造型特征意向尺度打分表（方案1-5）

造型评价 评价维度 方案		造型意向尺度打分			设计师自选词汇打分		（长安）品牌形象符合度
		优雅—俗气	单薄—厚实	含蓄—张扬	自选词汇	打分	打分
1	整车 / 格栅				饱满 / 圆润		
2	整车 / 格栅						
3	整车 / 前灯						
4	整车 / 特征						
5	整车 / 特征						

注：1. 打分表格以"优雅——俗气"为例，-3代表极优雅，-2代表比较优雅，-1代表一般优雅，0代表中性；1代表一般俗气，2代表比较俗气，3代表极俗气。若给该方案打2分，就在标尺上数字2的位置画"O"表示，如：
　2. 自选形容词打分，以"饱满"为例，-3代表极不饱满，-2代表比较不饱满，-1代表一般不饱满，0代表中性，1代表一般饱满，2代表比较饱满，3代表极饱满。若给该方案打2分，就在标尺上数字2的位置画"O"表示（同上）。
　3. 品牌形象的打分同自选形容词打分。

B-打分01：造型特征协调性打分表（方案1 X 9）

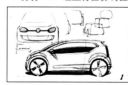

维度	优雅—俗气	单薄—厚实	含蓄—张扬
打分			

你认为此方案应该：　通过（ √ ）　淘汰（ ）　（注：从九个方案中选择三款方案）

特征 \ 协调性	形态与周边造型特征 风格统一性	形态与整车 风格统一性
侧面轮廓	A	
腰线	B	
侧窗		B
前灯	C	
尾灯		
进气格栅		A
引擎盖		C

注：1. 在"你认为此方案应该通过（ ）　淘汰（ ）"一栏中，如果选择"通过"，就在后面的"（ ）"中打"√"。
　2. "特征\协调性"一栏，是对造型特征协调性的排序表格。
　排序规则：在"形态与周边造型特征风格统一性"一栏中，从7个特征中选出三个你认为协调性较好的三个，并进行排序，排序级别由高到低分别为A、B、C。"形态与整车风格统一性"一栏的填写同上。

C-打分 01：特征线对整车及平台形象的表现的贡献大小打分（共三份表格，每份一个方案）

维度	优雅—俗气	单薄—厚实	含蓄—张扬
打分	-3 0 3	-3 0 3	-3 0 3

同意（✓）不同意（ ）此方案作为最终方案

特征列表		贡献值排序			
		整车		平台系列形象	
		高	低	高	低
侧面顶型线 A	引擎盖折线 K	A	H	J	B
车窗线 B	A柱下沿线 L	D	C	E	F
轮罩线 C	C柱下沿线 M	F	I	L	D
腰线 D	前大灯轮廓线 N				
正视车顶线 E	进气格栅轮廓线 O				
前挡风玻璃下沿线 F	尾灯轮廓线 P				
前视轮廓线 G	前保险杠外缘线 Q				
后挡风玻璃下沿线 H	后保险杠外缘线 R				
侧围车顶过渡线 I	格栅雾灯造型群轮廓线 S				
轮罩弧线 J	侧面下沿线 T				

注：1. 维度打分以"优雅——俗气"为例：-3 代表极优雅，-2 代表比较优雅，-1 代表一般优雅，0 代表中性，1 代表一般俗气，2 代表比较俗气，3 代表极俗气。若给该方案打 2 分，就在标尺上数字 2 的位置画"O"表示。如：-3 -2 -1 0 1 ② 3。

2. 贡献值排序规则：在"整车"一栏中，从左侧 20 条特征线中选出三条你认为对"整车"的贡献值最高的三条特征线和最低的三条特征线，将特征线代号结果填入表格右侧。"平台系列形象"的填写方式同上。

D-打分/讨论 01

维度	优雅—俗气	单薄—厚实	含蓄—张扬
打分	-3 0 3	-3 0 3	-3 0 3

建议	

注：1. 维度打分以"优雅—俗气"为例：-3 代表极优雅，-2 代表比较优雅，-1 代表一般优雅，0 代表中性，1 代表一般俗气，2 代表比较俗气，3 代表极俗气。若给该方案打 2 分，就在标尺上数字 2 的位置画"O"表示。如：-3 -2 -1 0 1 ② 3。

2. "建议"一栏可对方案的线条、色彩等细节调整提出意见。

附录7　初始种群的造型基因（数组）

_root.pm="长安CM6（奔奔）"
Var myarr:Array = [[60.25,235.55],[49.25,174.65],[77.75,153.55],[115.75,127.2],[170.25,114.55],[221.25,79.65],[280.7,57.55],[355.7,42.5],[455.2,54.55],[502.2,57.25],[546.7,126.55],[547.7,155.65],[546.75,182.55],[562.75,198.4],[547.25,236.55]];

_root.pm = "奇瑞QQ3";
var myarr:Array = [[62.25, 239.55], [34.25, 174.65], [77.75, 149.55], [115.75, 130.2], [155.25, 121.55], [204.25, 89.65], [265.7, 63.55], [355.7, 50.5], [474.2, 61.55], [511.2, 82.25], [539.7, 129.55], [547.7, 151.65], [544.75, 179.55], [569.75, 196.4], [539.25, 237.55]];

_root.pm = "铃木Splash";
var myarr:Array = [[43.25, 247.55], [35.25, 209.65], [51.75, 164.55], [106.75, 133.2], [152.25, 126.55], [208.25, 91.65], [259.7, 64.55], [371.7, 38.5], [525.2, 72.55], [530.2, 97.25], [535.7, 128.55], [545.7, 156.65], [549.75, 188.55], [568.75, 207.4], [550.25, 228.55]];

_root.pm = "比亚迪 F0";
Var myarr:Array = [[62.25,247.55],[44.25,203.65],[65.75,164.55],[108.75,139.2],[150.25,125.55],[216.25,90.65],[301.7,69.55],[357.7,59.5],[488.2,77.55],[502.2,94.25],[524.7,144.55],[525.7,155.65],[525.75,168.55],[546.75,192.4],[539.25,237.55]];

--

_root.pm = "标致2061";
var myarr:Array = [[33.38, 236.21], [79.61, 148.65], [174.15, 128.21], [292.99, 56.09], [491.64, 65.61], [547.04, 122.49], [588.99, 160.60], [594.50, 232.65], [40.75, 196.51], [95.79, 134.73], [219.42, 84.73], [366.51, 40.03], [539.35, 87.02], [570.53, 148.51], [592.62, 199.27]];

附录8 特征线编辑区域源代码片段

```
//////车型轮廓生成：
this.createEmptyMovieClip("car_mc",1);
with (car_mc) {
    lineStyle(5,0x000000,60);
    moveTo(p1._x,p1._y);
    curveTo(c1._x,c1._y,p2._x,p2._y);
    curveTo(c2._x,c2._y,p3._x,p3._y);
    curveTo(c3._x,c3._y,p4._x,p4._y);
    curveTo(c4._x,c4._y,p5._x,p5._y);
    curveTo(c5._x,c5._y,p6._x,p6._y);
    curveTo(c6._x,c6._y,p7._x,p7._y);
    curveTo(c7._x,c7._y,p8._x,p8._y);
}
with (car_mc) {
    lineStyle(1,0x000000,20);
    moveTo(p1._x,p1._y);
    lineTo(c1._x,c1._y);
    lineTo(p2._x,p2._y);
    lineTo(c2._x,c2._y);
    lineTo(p3._x,p3._y);
    lineTo(c3._x,c3._y);
    lineTo(p4._x,p4._y);
    lineTo(c4._x,c4._y);
    lineTo(p5._x,p5._y);
    lineTo(c5._x,c5._y);
    lineTo(p6._x,p6._y);
    lineTo(c6._x,c6._y);
    lineTo(p7._x,p7._y);
    lineTo(c7._x,c7._y);
    lineTo(p8._x,p8._y);
}
```

/////////控制点拖拽：
on (release) {

  _root.p1.gotoAndStop(1);

  _root.p2.gotoAndStop(1);

  _root.p3.gotoAndStop(1);

  _root.p4.gotoAndStop(1);

  _root.p5.gotoAndStop(1);

  _root.p6.gotoAndStop(1);

  _root.p7.gotoAndStop(1);

  _root.p8.gotoAndStop(1);

}
on (release) {
  this.gotoAndPlay(2);
}
on (press) {
  this.startDrag();
}
on (release) {
  this.stopDrag();
  _root.sel = 1;
  _root.px = this._x;
  _root.py = this._y;
}
////////轮廓平顺处理：
on (rollOver) {
  this._alpha = 90;
}
on (press) {
  this._alpha = 100;
}
on (release) {
  this._alpha = 70;

```
}
on (rollOut) {
    this._alpha = 70;
}
on (release) {
    _root.c2._y = (_root.p2._y-_root.c1._y)*(_root.c2._x-_root.c1._x)/(_root.p2._x-_root.c1._x)+_root.c1._y;
    _root.c3._y = (_root.p4._y-_root.c4._y)*(_root.c3._x-_root.c4._x)/(_root.p4._x-_root.c4._x)+_root.c4._y
    _root.c5._y = (_root.p5._y-_root.c4._y)*(_root.c5._x-_root.c4._x)/(_root.p5._x-_root.c4._x)+_root.c4._y;
//////////////CP点的显示与隐藏切换:
on (rollOver) {
    this._alpha = 90;
}
on (press) {
    this._alpha = 100;
}
on (release) {
    this._alpha = 70;
}
on (rollOut) {
    this._alpha = 70;
}
on (release) {
    if(_root.p1._alpha>50){_root.p1._alpha=0}else _root.p1._alpha=90
        if(_root.p2._alpha>50){_root.p2._alpha=0}else _root.p2._alpha=90
            if(_root.p3._alpha>50){_root.p3._alpha=0}else _root.p3._alpha=90
                if(_root.p4._alpha>50){_root.p4._alpha=0}else _root.p4._alpha=90
                    if(_root.p5._alpha>50){_root.p5._alpha=0}else _root.p5._alpha=90
    if(_root.p6._alpha>50){_root.p6._alpha=0}else _root.p6._alpha=90
```

if(_root.p7._alpha>50){_root.p7._alpha=0}else _root.p7._alpha=90

if(_root.p8._alpha>50){_root.p8._alpha=0}else _root.p8._alpha=90

if(_root.c1._alpha>50){_root.c1._alpha=0}else _root.c1._alpha=90

  if(_root.c2._alpha>50){_root.c2._alpha=0}else _root.c2._alpha=90

    if(_root.c3._alpha>50){_root.c3._alpha=0}else _root.c3._alpha=90

      if(_root.c4._alpha>50){_root.c4._alpha=0}else _root.c4._alpha=90

        if(_root.c5._alpha>50){_root.c5._alpha=0}else _root.c5._alpha=90

if(_root.c6._alpha>50){_root.c6._alpha=0}else _root.c6._alpha=90

if(_root.c7._alpha>50){_root.c7._alpha=0}else _root.c7._alpha=90

}

（以上代码片段的语言版本为ActionScript2.0）

附录9　特征线变化集区域源代码片段

```php
<?php require_once('../Connections/cbas.php'); ?>
<?php
$maxRows_Recordset1 = 3;
$pageNum_Recordset1 = 0;
if (isset($_GET['pageNum_Recordset1'])) {
  $pageNum_Recordset1 = $_GET['pageNum_Recordset1'];
}
$startRow_Recordset1 = $pageNum_Recordset1 * $maxRows_Recordset1;
$colcd1_Recordset1 = "0";
if (isset($_GET['cd1'])) {
  $colcd1_Recordset1 = (get_magic_quotes_gpc()) ? $_GET['cd1'] : addslashes($_GET['cd1']);
}
$colcd2_Recordset1 = "0";
if (isset($_GET['cd2'])) {
  $colcd2_Recordset1 = (get_magic_quotes_gpc()) ? $_GET['cd2'] : addslashes($_GET['cd2']);
}
$colr_Recordset1 = "2";
if (isset($_GET['r'])) {
  $colr_Recordset1 = (get_magic_quotes_gpc()) ? $_GET['r'] : addslashes($_GET['r']);
}
mysql_select_db($database_cbas, $cbas);
$query_Recordset1 = sprintf("SELECT * FROM car WHERE 4*(cd1-%s)*(cd1-%s)<%s*%s && 4*(cd2-%s)*(cd2-%s)<%s*%s ORDER BY type ASC", $colcd1_Recordset1,$colcd1_Recordset1,$colr_Recordset1,$colr_Recordset1,$colcd2_Recordset1, $colcd2_Recordset1,$colr_Recordset1,$colr_Recordset1);
$query_limit_Recordset1 = sprintf("%s LIMIT %d, %d", $query_Recordset1, $startRow_Recordset1,
```

```
$maxRows_Recordset1);
$Recordset1 = mysql_query($query_limit_Recordset1, $cbas) or die(mysql_error());
$row_Recordset1 = mysql_fetch_assoc($Recordset1);
if (isset($_GET['totalRows_Recordset1'])) {
  $totalRows_Recordset1 = $_GET['totalRows_Recordset1'];
} else {
  $all_Recordset1 = mysql_query($query_Recordset1);
  $totalRows_Recordset1 = mysql_num_rows($all_Recordset1);
}
$totalPages_Recordset1 = ceil($totalRows_Recordset1/$maxRows_Recordset1)-1;
?><!DOCTYPE html PUBLIC "-//W3C//DTD XHTML 1.0 Transitional//EN" "http://www.w3.org/TR/xhtml1/DTD/xhtml1-transitional.dtd">
<html xmlns="http://www.w3.org/1999/xhtml">
<head>
<meta http-equiv="Content-Type" content="text/html; charset=gb2312" />
<!-- TemplateBeginEditable name="doctitle" -->
<title>搜索02</title>
<!-- TemplateEndEditable -->
<style type="text/css">
<!--
body {
        margin-left: 0px;
        margin-top: 0px;
        margin-right: 0px;
        margin-bottom: 0px;
        background-color: #555555;
}
.filename {font-family: Verdana, Arial, Helvetica, sans-serif;
        font-size: 12px;
        vertical-align: top;
        line-height: 20px;
```

```
}
a:link {
    color: #FFFFFF;
    text-decoration: none;
}
a:visited {
    text-decoration: none;
    color: #FFFFFF;
}
a:hover {
    text-decoration: none;
    color: #000000;
}
a:active {
    text-decoration: none;
    color: #FFFFFF;
}
-->
</style>
<script type="text/javascript" language="JavaScript1.4" name="jumpwindow"><!--
function jumpWindow(url,winID){
    var theX=(screen.availWidth-740)/2;
    var theH=(screen.availHeight-540)/2;
    winID = window.open(url,winID,"width=740,height=540,resizable=no,scrollbars=no");
    winID.moveTo(theX,theH);
    winID.focus();
}// -->
</script>
<!-- TemplateBeginEditable name="head" --><!-- TemplateEndEditable -->
</head>
<body>
<table width="100" border="0" cellspacing="0" cellpadding="0">
```

```html
<tr>
  <td><img src="img/2_04.gif" width="142" height="51" /></td>
</tr>
<tr>
  <td><?php if ($totalRows_Recordset1 == 0) { // Show if recordset empty ?>
    <table width="0" height="0" border="0" cellpadding="0" cellspacing="0">
      <tr>
        <td height="31" background="img/2_06.gif"> </td>
      </tr>
      <tr>
        <td><img src="img/2_07.gif" width="142" height="104" /></td>
      </tr>
      <tr>
        <td height="40" background="img/2_08.gif" class="filename">还没有搜索结果</td>
      </tr>
    </table>
    <table width="0" height="0" border="0" cellpadding="0" cellspacing="0">
      <tr>
        <td height="31" background="img/2_06.gif"> </td>
      </tr>
      <tr>
        <td><img src="img/2_07.gif" width="142" height="104" /></td>
      </tr>
      <tr>
        <td height="40" background="img/2_08.gif" class="filename">还没有搜索结果</td>
      </tr>
    </table>
    <table width="0" height="0" border="0" cellpadding="0" cellspacing="0">
      <tr>
        <td height="31" background="img/2_06.gif"> </td>
      </tr>
      <tr>
```

```
        <td><img src="img/2_07.gif" width="142" height="104" /></td>
      </tr>
      <tr>
        <td height="40" background="img/2_08.gif" class="filename">还没有搜索结果</td>
      </tr>
    </table>
    <?php } // Show if recordset empty ?><!-- TemplateBeginRepeat name="RepeatRegion1" -->

    <?php do { ?>
    <table width="0" height="0" border="0" cellpadding="0" cellspacing="0">
      <tr>
        <td height="31" background="img/2_06.gif"> </td>
      </tr>
      <tr>
        <td><a href="javascript: jumpWindow(&quot;../03/01.php?filename=<?php echo $row_Recordset1['filename']; ?>&quot;,&quot;<?php echo $row_Recordset1['filename']; ?>&quot;)" target="_parent"><img src="../bin/01_smallpic/<?php echo $row_Recordset1['filename']; ?>.jpg" width="142" height="104" border="0" /></a></td>
      </tr>
      <tr>
        <td height="40" background="img/2_08.gif" class="filename"><a href="javascript: jumpWindow (&quot;../03/01.php?filename=<?php echo $row_Recordset1['filename']; ?>&quot;,&quot;<?php echo $row_Recordset1['filename']; ?>&quot;)" target="_parent"><?php echo $row_Recordset1['name']; ?></a></td>
      </tr>
    </table>
    <?php } while ($row_Recordset1 = mysql_fetch_assoc($Recordset1));
```

```html
?><!-- TemplateEndRepeat --></td>
  </tr>
</table>

<table width="0" height="0" border="0" cellpadding="0" cellspacing="0">
  <tr>
    <td height="31" background="img/2_06.gif"> </td>
  </tr>
  <tr>
    <td><img src="img/2_07.gif" width="142" height="104" /></td>
  </tr>
  <tr>
    <td height="40" background="img/2_08.gif" class="filename">没有搜索结果</td>
  </tr>
</table>
<table width="0" height="0" border="0" cellpadding="0" cellspacing="0">
  <tr>
    <td height="31" background="img/2_06.gif"> </td>
  </tr>
  <tr>
    <td><img src="img/2_07.gif" width="142" height="104" /></td>
  </tr>
  <tr>
    <td height="40" background="img/2_08.gif" class="filename">没有搜索结果</td>
  </tr>
</table>
</body>
</html>
<?php
mysql_free_result($Recordset1);
?>
```

（以上代码片段的语言版本为PHP 4.05）

附录10 选择器滑块源代码片段

```
/////滑块位置初始化
var en_1;
var en_2;
var entity;
_root.sl1.slider._x = en_1*14+42;
_root.sl2.slider._x = en_2*14+42;



///////滑块拖拽
onClipEvent (enterFrame) {
        _parent.itsValue = Math.floor(this._x);
        _parent._parent.f1 = Math.floor(100*(this._x/14-3))/100;;
}
on (press) {
        this.startDrag(true,0,0,84,0);
}
on (release, releaseOutside) {
        this.stopDrag();
}
////////滑块复位
var itsValue;
function reset(){
        slider._x=0;
        }
/////数据获取与选择请求提交
on (press) {
        gotoAndStop(2);
}
on (rollOut) {
        gotoAndStop(1);
}
```

```
on (release) {
        getURL("javascript: jumpWindow('04_"+_root.entity+".php?en1="+_root.f1+"&en2="+_root.f2+"')");
        trace("javascript: jumpWindow(,04_e1e2e3.php?en1="+_root.f1+"&en2="+_root.f2+"')");
        gotoAndStop(1);
}
```
（以上代码片段的语言版本为ActionScript2.0）

插图索引

图1-1　设计过程的阶段 ········005
图1-2　"9-3-1模式"设计流程 ········005
图1-3　汽车产品性能时变图 ········006
图1-4　知识流类型 ········008
图1-5　本文组织框架 ········012
图2-1　意象尺度图定位 ········020
图2-2　情绪看板的语义与形象映射 ········020
图2-3　三种典型的意象加工类型 ········022
图2-4　"饕餮纹"设计概念的意象加工 ········022
图2-5　"白鹿"设计概念的意象加工 ········023
图2-6　"醒狮"设计概念的意象加工 ········024
图2-7　造型设计的基本操作要素 ········024
图2-8　结构化意象看板 ········025
图2-9　现代汉语形容词典 ········027
图2-10　正反义词对表图 ········028
图2-11　句槽判定法的判定框架 ········029
图2-12　评价量尺的基本形容词 ········029
图2-13　形容词使用习惯的调查表 ········030
图2-14　形容词对的敏感度统计 ········031
图2-15　局部造型特征不同造成的视觉差异 ········032
图2-16　草图绘制与三维建模中的特征线 ········032
图2-17　关键特征线 ········034
图2-18　设计概念的语义与形象表示 ········036
图2-19　语义联想模块的低保真模型 ········036
图2-20　语义联想模块的高保真模型 ········037
图2-21　图片坞视角的案例描述界面 ········037
图2-22　逻辑对象的层级内联想与跳跃联想 ········038
图2-23　通过框架间的迭代交互来拓展联想 ········039
图3-1　设计过程的迭代 ········043
图3-2　汽车造型特征线操作要素图 ········045
图3-3　"张力"的视觉特征表达方式 ········045

图3-4	平坦线条的凹陷错觉	046
图3-5	构成地平线原型的弧形线条	046
图3-6	贝塞尔曲线的经典公式	047
图3-7	车型特征线的基因型表达	047
图3-8	车型特征线的界面化表达	047
图3-9	汽车造型的有理化规则表	048
图3-10	初始种群的"海选"图	049
图3-11	初始种群的特征线表达	049
图3-12	特征线—基因型数组的转化工具	050
图3-13	进化过程中的造型生成样本	052
图3-14	优质进化个体	053
图3-15	遗传算法输出的基因数组	053
图3-16	设计发散草图	053
图3-17	设计效果图	053
图3-18	进化设计的遗传和变异模块	054
图3-19	品牌混合变异分析模块	055
图4-1	动素分析的基本要素表	059
图4-2	用动素符号表示的检查轴长度及装入套筒的双手程序图	060
图4-3	动素结构	060
图4-4	参与者和用例之间的通讯关联	061
图4-5	RUP的二维过程模型	063
图4-6	基于活动—角色—工件的RUP模型	063
图4-7	展示设计初始阶段的版面	064
图4-8	展示设计细化阶段的版面	065
图4-9	设计需求清单	067
图4-10	概念描述清单	067
图4-11	语义打分表	068
图4-12	意象尺度图	068
图4-13	逻辑语义与语义间拓扑结构	069
图4-14	Issigonis绘制的宝马MINI草图	070
图4-15	手绘板输入数字化的草图	070
图4-16	草图工件的组成要素	070
图4-17	Autodesk SketchBook Pro 2011的手绘效果图	071
图4-18	用Alias构建的汽车造型数模	071

图4-19	1:1汽车油泥模型(外部造型)	072
图4-20	1:1汽车油泥模型(内部驾驶室)	072
图4-21	样机的组成要素	073
图4-22	长安设计初始阶段的流程构建图	074
图4-23	初始阶段评审表格设计	075
图4-24	长安设计细化阶段的流程构建图	076
图4-25	细化阶段评审表图	077
图4-26	长安设计细化阶段的流程构建图	078
图4-27	构建阶段评审表图	079
图4-28	长安设计交付阶段的流程	080
图4-29	提交阶段评审表图	080
图4-30	流程中各阶段的操作对象	081
图5-1	设计流程与评审节点总图	085
图5-2	流程管理系统的操作树总图	085
图5-3	流程管理系统的角色划分与用例规划	086
图5-4	系统数据结构规划	087
图5-5	情境入口界面	088
图5-6	项目管理界面	089
图5-7	评审现场界面	089
图5-8	评审界面	090
图5-9	迭代器模式	091
图5-10	迭代器模式下的车顶线操作	091
图5-11	S-F-C知识结构分层	092
图5-12	技术框架图	092
图5-13	基于操作时序横向展开的界面框架	093
图5-14	界面框架全貌	093
图5-15	基于相同框架结构的不同模块界面设定	093
图5-16	系统数据结构	094
图5-17	系统数据流框架	094
图5-18	抽象语义分解为多个操作性语义	095
图5-19	特征线的特征操作语义	096
图5-20	自然界的表面张力现象	097
图5-21	特征操作语义的操作器	097
图5-22	映射关系获取模块示意图	097

图5-23 映射曲线的拟合方式 098
图5-24 映射关系算法示意图 098
图5-25 界面实现框架 099
图5-26 特征线推理模块高保真原型 099
图5-27 造型设计与编辑的不同任务流 100
图5-28 语义关联的品牌特征检索模块示意图 100
图5-29 品牌辐射状扩张的视觉化表达 101
图5-30 品牌产品辐射的可视化 101
图5-31 品牌案例器 101
图5-32 界面实现框架 102
图5-33 浏览模式下的品牌导向造型特征推理模块 102
图5-34 混合器模块高保真原型 103
图5-35 语义关联的车型分类示意图 104
图5-36 聚合与辐射的两类原型 104
图5-37 车型类别器 104
图5-38 界面实现框架 105
图5-39 车型导向的造型特征跨界推理模块高保真原型 105
图5-40 原型系统结构 106

附表索引

表1-1　产品造型设计价值 ··· 007
表2-1　高频次形容词对 ·· 031
表2-2　修正后的高频次形容词对 ··· 031
表2-3　特征线的提取结果 ··· 033
表2-4　汽车造型特征线的形式化 ··· 034
表3-1　德系车型等级划分表 ··· 047
表3-2　用于进化实验的形容词对表 ··· 048
表4-1　评审现场控制要求 ··· 075
表4-2　细化阶段评审现场控制要求 ··· 077
表4-3　构建阶段评审现场控制要求 ··· 079
表4-4　提交阶段评审现场控制要求 ··· 081